COLLECTION
FOLIO/ESSAIS

Michel Foucault

Raymond Roussel

*Présentation
de Pierre Macherey*

Gallimard

© Éditions Gallimard, 1963, pour le texte
et 1992 pour la présentation.

PRÉSENTATION

FOUCAULT / ROUSSEL / FOUCAULT

Lorsque Foucault a découvert l'œuvre de Raymond Roussel, entre 1955 et 1960[1], celui-ci était encore un écrivain confidentiel et singulier que son esprit de bizarrerie, la drôlerie glacée et le caractère déroutant, définitivement hors normes de ses productions avaient fait précocement reconnaître des seuls surréalistes. Aucune étude d'ensemble n'avait été consacrée à cette « œuvre », qui n'était encore disponible que dans les reliquats de l'édition publiée chez Lemerre à compte d'auteur, et n'allait être à nouveau rassemblée par l'éditeur Pauvert qu'en 1963, l'année même de la publication du livre de Foucault sur Roussel. Ce livre a donc représenté une étape essentielle dans la redécouverte d'un « auteur »

---

1. Il a lui-même raconté dans quelles conditions, tout à fait par hasard, en feuilletant des livres exposés dans la librairie de José Corti, qui s'était amusé de son ignorance à propos de cet auteur (« Il m'a dit : " Mais enfin, Roussel ! " J'ai compris que j'aurais dû savoir qui était ce Raymond Roussel »), cf. l'entretien de Foucault avec C. Ruas qui a servi de postface à l'édition américaine du *Raymond Roussel* de Foucault (publié dans le n° 221 du *Magazine littéraire*, 1985).

qui n'a obtenu qu'à titre posthume cette gloire qu'il avait ardemment recherchée de son vivant, mais n'avait reçu en retour, si l'on excepte la considération de quelques amis comme Michel Leiris, que les sarcasmes plus ou moins amusés et indulgents du public cultivé, ou réputé tel. De ce point de vue, le grand apport du travail de Foucault a été de contribuer à débarrasser Roussel de la réputation qui lui avait été faite par les surréalistes, lesquels avec les meilleures intentions du monde avaient contribué à sa marginalisation, et d'en avoir fait l'écrivain moderne par excellence [2]. Il vaut la peine d'essayer de comprendre comment s'est opéré ce sauvetage, et quels en ont été les effets, aussi bien du point de vue de Roussel que de celui de Foucault, pour qui sa « rencontre » avec Roussel a représenté, réciproquement, une étape importante dans le développement de sa propre réflexion [3].

---

2. A ce sujet, voir également Michel Foucault, « Pourquoi réédite-t-on Raymond Roussel ? Un précurseur de notre littérature moderne » (*Le Monde*, 22 août 1964).
3. Même si ce travail a gardé, dans l'économie interne de la pensée de Foucault, un statut réservé, comme le souligne son entretien avec C. Ruas : « Mon rapport à mon livre sur Roussel et à Roussel est vraiment quelque chose de très personnel qui m'a laissé de très bons souvenirs. C'est un livre à part dans mon œuvre. Et je suis très content que jamais personne n'ait essayé d'expliquer que si j'avais écrit le livre sur Roussel, c'est parce que j'avais écrit le livre sur la folie, et que j'allais écrire sur l'histoire de la sexualité. Personne n'a jamais fait attention à ce livre, et j'en suis très content. C'est ma maison secrète, une histoire d'amour qui a duré quelques étés. Nul ne l'a su. »

Foucault en 1963

Le livre de Foucault a paru en 1963, l'année où Robbe-Grillet publiait ses études Pour un nouveau roman [4], *et Barthes son* Sur Racine, *prolongé l'année suivante par les* Essais critiques, *qui allaient déclencher la polémique de la « nouvelle critique ». En 1962 avaient été publiés le premier livre important de Deleuze,* Nietzsche et la philosophie, *point de départ d'une complète réévaluation de la pensée de ce philosophe, dans une perspective antihégélienne opposée à l'esprit général d'une dialectique, ainsi que* Les origines de la pensée grecque *de Vernant, et* Du monde clos à l'univers infini *de Koyré, et également* La pensée sauvage *de Lévi-Strauss, qui, ouvrant un débat avec Sartre et les philosophies de la conscience, avait marqué la date de naissance publique du « structuralisme ». La publication du* Raymond Roussel *de Foucault s'est donc placée au début de la période des grandes querelles qui ont marqué un complet renouvellement des manières de penser et d'écrire héritées de l'immédiat après-guerre, avec la remise en cause simultanée du réalisme narratif, des philosophies du sujet, des représenta-*

---

4. Le texte imprimé au dos de la couverture du livre de Foucault commençait par la remarque suivante : « A la lumière du nouveau roman, l'ombre de Raymond Roussel n'a cessé de grandir. » Le recueil de Robbe-Grillet comportait lui-même un texte intitulé « Énigmes et transparence chez Raymond Roussel ».

tions continuistes du progrès historique, de la rationalité dialectique, etc. Pour mémoire, rappelons que le Pour Marx *d'Althusser devait sortir en 1965 et les* Écrits *de Lacan en 1966, ces deux ouvrages poursuivant la critique des conceptions humanistes traditionnelles, dans le prolongement d'un mouvement qu'on peut faire symboliquement commencer, même s'il était déjà amorcé depuis un certain temps, en 1960, l'année de la mort de Camus et de l'entrée de Lévi-Strauss au Collège de France.*

Foucault s'était lui-même complètement impliqué dans cette révolution théorique, dont il allait devenir l'un des principaux protagonistes dans les années suivantes. Son premier grand livre, publié en 1961, Folie et déraison. Histoire de la folie à l'âge classique, *qui avait été sa thèse de doctorat, l'avait déjà fait largement connaître dans les milieux universitaires, qui avaient été frappés — le mot est faible — par le complet renouvellement de perspectives concernant les grands thèmes généraux de la rationalité provoqué par ce travail érudit concernant un domaine apparemment très spécialisé de l'histoire de la psychiatrie que Foucault était d'ailleurs le premier à explorer. Mais la dignité de philosophe à part entière*[5] *n'allait commencer à lui être reconnue par le grand public*

---

5. Il ne faut pas oublier que, dans les milieux universitaires, Foucault a gardé l'étiquette de « psychologue » jusqu'en 1968.

que cinq ans plus tard, avec les discussions passionnées qui ont suivi la parution des Mots et les choses, *où l'annonce tapageuse de la prochaine disparition à laquelle était condamnée la figure historique de l'homme devait être associée à une refonte des problèmes traditionnels de la connaissance, et ceci non seulement dans le domaine bien circonscrit des « sciences humaines », dont Foucault se présentait comme l'« archéologue ». Or, même si de l'aveu de Foucault son* Raymond Roussel *de 1963 représente dans son travail une entreprise tout à fait singulière, on ne peut éviter de situer celle-ci quelque part à l'intérieur du parcours qui l'a conduit d'une interrogation, en principe limitée, sur les conditions dans lesquelles le savoir positif de la médecine a élaboré à un certain moment, sur fond d'anormalité, une représentation de la « maladie mentale », à une interrogation plus générale concernant les conditions de possibilité d'une connaissance positive de l'homme normal et, au-delà, du savoir comme tel, donc de l'examen des conditions de production d'une anormalité à celui des conditions de production de la normalité. A l'*Histoire de la folie, *le livre sur Raymond Roussel se rattache ainsi par la confirmation qu'il apporte, au moins négativement, au thème de la folie interprétée comme absence d'œuvre, en même temps qu'il prépare à sa façon* Les mots et les choses *par la réflexion qu'il consacre aux problèmes du langage, et au*

*retrait fondamental par rapport à la réalité
« objective » que comporte son usage.*

A cela il faut ajouter qu'en 1963, pratiquement en même temps que son Raymond Roussel, *Foucault a fait également paraître un autre livre,* Naissance de la clinique. Une archéologie du regard médical[6]. *Cet ouvrage déplaçait vers les problèmes de la pathologie considérée en général l'attention précédemment attachée à la maladie mentale : il expliquait dans quelles conditions historiques particulières le fait d'être malade, c'est-à-dire d'être reconnu et se reconnaître soi-même comme malade, avait été associé à un discours sur la maladie soumis à des règles spécifiques ; et, suivant cette voie, il en venait à des considérations concernant le problème du rapport entre le langage et la mort qui recoupent manifestement celles développées dans l'ouvrage sur Roussel autour de ce même sujet. Or cette* Naissance de la clinique, *qui est l'un des ouvrages majeurs de Foucault, était précédée d'une longue préface méthodologique où était radicalement remis en cause le mode de traitement des discours lié à la pratique du commentaire, et au présupposé du sens sur lequel celle-ci s'appuie*[7] *: le fait de*

---

6. Publié aux PUF dans la collection « Galien » dirigée par Georges Canguilhem.
7. *Naissance de la clinique*, PUF, 1963, p. XII-XIV. Ce point a été repris ultérieurement dans *L'ordre du discours*, Gallimard, 1971, p. 23 et sq.

reconnaître un sens, et donc une intentionnalité latente, à un discours, est lié à la possibilité de tenir un autre discours sur ce discours premier, ce commentaire étant censé « dire » précisément ce qu'il disait déjà sans le dire. Mais n'était-ce pas précisément ce que Foucault faisait lui-même en écrivant un livre sur un « auteur », Raymond Roussel, ramené à l'ensemble censément unifié de son « œuvre » et soutenant celle-ci de la force impartie à son projet ? Foucault, qui n'a d'ailleurs écrit que ce seul livre ordonné autour du titre que lui prête un nom propre, aurait-il pu commettre cette incroyable bévue : produire un commentaire, au moment même où il démontrait ce qu'il y a de profondément insatisfaisant dans une telle démarche ? Cette interrogation, à laquelle il est impossible d'échapper, peut au moins suggérer un mode de lecture du Raymond Roussel *qui serait appuyé sur le principe suivant : précisément, ce livre ne propose pas un commentaire, selon la forme traditionnelle des ouvrages de critique littéraire, mais il relève d'une démarche de nature complètement différente.*

L'expérience littéraire

Pour commencer à comprendre quelle a été la nature particulière de l'entreprise de Foucault en écrivant son Raymond Roussel, *il faut faire intervenir une notion très importante, qui est celle d'expérience. Cette notion, remarquons-le en passant, pourrait éclairer, à travers ses variations, l'œuvre de Foucault tout entière, qui, partie en 1961 d'une étude consacrée aux « expériences » de la folie, s'est interrompue en 1984 sur une série de publications consacrées aux « expériences » de la sexualité*[8]. *Le rôle essentiel que joue cette notion dans la réflexion de Foucault s'explique par la fonction très particulière qu'elle y remplit : celle d'un pli, dirait Deleuze, pli qui se situe à l'intersection des théories et des pratiques, des discours et des institutions, du subjectif et de l'objectif, du normal et du pathologique, du vrai et du faux, du montré et du caché, etc. : en ce sens, penser des expériences, c'est comprendre leur rapport à un impensé qui ne constitue nullement un au-delà de l'expérience, mais représente la manière complexe et tordue dont l'expérience revient sur elle-même,*

---

8. Et il vaudrait la peine de faire un relevé suivi des occurrences de cette expression dans les textes de Foucault, où elle revient constamment, en des points nodaux de leur parcours théorique. N'en proposons qu'une, qui se trouve au début du tome II de l'*Histoire de la sexualité*, lorsque Foucault se propose rétrospectivement de faire comprendre son projet d'écrire une histoire de la vérité : « Une histoire qui ne serait pas celle de ce qu'il peut y avoir de vrai dans nos connaissances, mais une analyse des jeux de vérité, des jeux du vrai et du faux à travers lesquels l'être se constitue historiquement comme expérience, c'est-à-dire comme pouvant et devant être pensé » (*L'usage des plaisirs*, Gallimard, 1984, p. 12-13). Le rapport de Foucault à Kant, dont on a souvent parlé après Deleuze, s'expliquerait particulièrement à partir de cet usage, ou peut-être ces usages, de la notion d'expérience.

et s'effectue en se disant. Or, au centre de l'œuvre de Roussel se trouve aussi une confrontation de ce type à l'expérience : « *Toute l'œuvre de Roussel jusqu'aux* Nouvelles impressions *tourne autour d'une expérience singulière (je veux dire qu'il faut mettre au singulier) : le lien du langage avec cet espace inexistant qui, en dessous de la surface des choses, sépare l'intérieur de leur face visible et la périphérie de leur noyau invisible. C'est là, entre ce qu'il y a de caché dans le manifeste et de lumineux dans l'inaccessible que se noue la tâche de son langage*[9]. » *Au premier abord, on pourrait être tenté de considérer que Foucault a alors appliqué cette notion d'expérience, élaborée à la jonction des discours de la philosophie et de l'histoire, à l'étude de textes littéraires. Mais, si on y réfléchit attentivement, on s'aperçoit que c'est en fait l'inverse qui a dû se produire : la littérature a sans doute été pour lui le lieu privilégié où s'est élaboré le statut de l'expérience considérée comme telle, et à partir duquel ont pu être pensées, sur son modèle en quelque sorte, d'autres* « *expériences* », *comme celle de l'exclusion, du savoir, de la punition ou de la sexualité. Et on pourrait expliquer ainsi pourquoi Foucault a noué aussi étroitement dans son œuvre le travail théorique à une réflexion sur la littérature : c'est par sa marginalité même, puisqu'elle consiste dans*

---

9. *Raymond Roussel*, Gallimard, 1963, p. 155.

l'exploration de marges, que la littérature éclaire en totalité l'histoire de nos pratiques et de nos savoirs.

Cette hypothèse pourrait être confirmée par certains antécédents de cette notion d'expérience, avec l'usage si particulier qu'en a fait Foucault. Et d'abord Bataille, mort l'année précédant la publication du Raymond Roussel *et auquel, en 1963, Foucault devait également consacrer un texte important, « Préface à la transgression[10] », qui s'ouvre sur une référence à l'« expérience contemporaine ». Or le livre de Bataille le plus significatif, celui où il effectue le travail théorique le plus tendu, du moins si on se place à un point de vue philosophique, c'est* L'expérience intérieure *de 1943. Cet ouvrage, plutôt qu'il ne relatait une expérience singulière, incommunicable dans sa singularité[11], développait une rumination exacerbée autour du thème de l'expérience en général, en tant que celle-ci définit ce qu'il y a d'extrême, et peut-être d'impossible, dans l'exercice de la pensée ; « à l'extrême du possible », selon une formule qui revient tout au long de l'ouvrage de Bataille, l'expérience, fondamentalement celle de*

---

10. Dans le n° 195-196 de *Critique*, publié en hommage à son fondateur en août-septembre 1963.
11. Comme l'a pensé Sartre dans le compte rendu méprisant qu'il a consacré à ce livre, « Un nouveau mystique » (*Cahiers du Sud*, 1943, repris dans *Situations I*).

l'érotisme, c'est-à-dire du mal et de la mort, ne peut être séparée du pouvoir de contestation qu'elle exerce, non en permanence, mais de manière nécessairement rompue, dans ces crises souveraines qui déchirent de leurs terribles secousses la linéarité apparente de l'existence. Or la figure par excellence de ce paroxysme, Bataille la trouvait bien sûr chez Nietzsche, auquel il a conduit Foucault, mais aussi chez Pascal, chez Dostoïevski et chez Proust, dans une forme qui était principalement celle de la littérature, et plus précisément celle de la poésie, en laquelle il voyait la condition par excellence de cette ascèse, de cet excès, qui était aussi le moyen d'une remise en question de tous les savoirs, de toutes les certitudes acquises. Cette expérience essentiellement poétique est bien celle que Foucault a aussi retrouvée chez Roussel, dont l'écriture met à nu cette fonction transgressive du langage en découvrant les frontières de son usage [12]. *Le rôle primordial de la littérature, qui la fait sortir des limites imposées par l'esthétique traditionnelle, s'explique alors aisément : avec elle, le nœud de l'expérience, ce*

---

12. « C'est que ce plat langage, mince répétition du plus usé des langages, repose à plat sur l'immense appareil de mort et de résurrection qui tout à la fois l'en sépare et l'y rattache. Il est poétique à sa racine, par le procédé de sa naissance, par cette gigantesque machinerie qui marque le point d'indifférence entre l'origine et l'abolition, le matin et la mort » (Michel Foucault, *Raymond Roussel, op. cit.*, p. 64). « Poésie, partage absolu du langage, qui le restitue identique à lui-même, mais de l'autre côté de la mort » (*ibid.*, p. 74).

point absolu où la vie et la mort semblent se rejoindre, devient visible, ou plutôt directement lisible.

L'expérience intérieure de Bataille faisait à plusieurs reprises allusion à des entretiens avec Blanchot dont on sait qu'il a constitué une autre grande référence de Foucault. Or chez Blanchot se retrouve également, développée sous d'autres formes, l'idée selon laquelle la littérature constitue une « expérience », au sens, comme chez Bataille, d'une expérience essentiellement négative : l'épreuve non de la plénitude d'un sens définitivement présent et communicable mais de son impossibilité et de son absence. Les textes de Blanchot ressassent inlassablement cette idée : écrire, c'est non pas montrer, ou faire apparaître, mais c'est au contraire témoigner pour l'inéluctabilité d'une disparition, disparition des choses et de soi dans ce qu'on écrit, et donc s'employer de toutes les manières possibles à se déprendre, dans la forme d'une inexpiable mise à distance. L'apport propre de Blanchot à cette thématique, en rapport avec sa lecture de poètes comme Mallarmé ou Rilke, est principalement le suivant : cette expérience négative qu'est la littérature ou l'écriture est inséparable de l'ouverture d'un espace, l' « espace littéraire », selon la formule dont il s'est servi pour intituler l'un de ses livres[13]. *On retrouve ici,*

---

13. Maurice Blanchot, *L'espace littéraire*, Gallimard, 1955.

indiscutablement, un prolongement de certaines interventions de Heidegger, que Blanchot a contribué de manière particulièrement significative à introduire en France : et, remarquons-le en passant, si Bataille l'a amené à Nietzsche, c'est certainement Blanchot qui a conduit Foucault à Heidegger, par le biais de sa rumination de la poésie et du langage. Toute cette réflexion tourne autour d'une idée qui peut s'exprimer simplement : le langage n'est pas un instrument conformé à la main de l'homme mais un lieu à habiter, un espace dont la littérature, à travers ses « expériences », révèle la réalité inobjective. En effet, cet espace n'est pas plein, et en particulier il n'est pas plein de l'homme et de ses projets positifs, mais il est cet espace profondément inhumain qui est inoccupable en totalité. Lorsque Foucault, un peu plus tard, a rendu hommage à Blanchot, c'est dans un texte qu'il a intitulé « La pensée du dehors », où l'on peut lire en particulier ceci : « La littérature, ce n'est pas le langage se rapprochant de soi jusqu'au point de sa brûlante manifestation, c'est le langage se mettant au plus loin de lui-même ; et si, en cette mise " hors de soi ", il dévoile son être propre, cette clarté souveraine révèle un écart plutôt qu'un repli, une dispersion plutôt qu'un retour des signes sur eux-mêmes[14]. »

---

14. Michel Foucault, « La pensée du dehors » (*Critique*, n° 229, juin 1966, p. 524).

Du même coup sont évacués les mythes de la concordance et de l'intimité : « *Sans doute est-ce pour cette raison que la réflexion occidentale a si longtemps hésité à penser l'être du langage, comme si elle avait pressenti le danger que ferait courir à l'évidence du " Je suis " l'expérience nue du langage* [15]. » *Foucault devait encore y revenir plus tard, en lançant cette interrogation :* « *Mais qu'y a-t-il de si périlleux dans le fait que les gens parlent, et que leurs discours indéfiniment prolifèrent ? Où donc est le danger* [16] *?* »

Ainsi la littérature, plutôt que comme une forme d'expression esthétique, se présente d'abord comme un terrain d'expérience, le lieu, l'espace, où doit s'effectuer une expérience de pensée, qui coïncide avec une investigation concernant l'être du langage. C'est précisément cette expérience que Foucault a poursuivie en lisant l'œuvre de Raymond Roussel et en cherchant à dégager l'enseignement de son « *expérience singulière* » : « *Le lien du langage avec cet espace inexistant qui, en dessous de la surface des choses, sépare l'intérieur de leur face visible et la périphérie de leur noyau invisible* [17]. » *Cette phrase que nous avons déjà citée prend à présent tout son sens : elle formule clairement l'exigence, affirmée par Bataille et par Blanchot, de prendre complètement au sérieux la*

---

15. *Ibid.*, p. 125.
16. Michel Foucault, *L'ordre du discours, op. cit.*, p. 10.
17. Michel Foucault, *Raymond Roussel, op. cit.*, p. 155.

littérature, en la faisant sortir de la sphère de l'art à laquelle elle est traditionnellement rattachée, et en en faisant l'une des formes par excellence de la pensée. Mais on ne peut manquer aussitôt de se demander ce que vient faire ici Roussel avec ses calembours enfantins, ses jeux de mots insignifiants, à la limite de l'absurde, et qu'il semble bien difficile d'assimiler, on serait presque tenté de dire d'annexer, au sérieux de la pensée ?

Les différentes figures de Raymond Roussel

Foucault a lui-même raconté comment il a « rencontré » Roussel : par le plus grand des hasards[18]. *Mais ce récit lui-même ne doit pas tout à fait échapper aux règles de la fiction, et de toute façon, il ne répond pas à la question suivante : quel est le Roussel que Foucault a rencontré ? Car cet écrivain, si simple en apparence, au point qu'on a pu le croire quelque peu simplet, se révèle à l'examen extrêmement complexe, multiple et protéiforme. Essayons de sérier quelques-unes de ses figures, pour pouvoir d'abord identifier celles que Foucault a sciemment écartées.*

La première de ces figures, celle qui, si l'on peut dire, colle le plus étroitement à la peau du

---

18. Cf. l'entretien avec C. Ruas cité dans la note 1.

personnage, c'est celle qu'a connue le psychiatre Pierre Janet : celui-ci a suivi professionnellement le « cas » personnel de Roussel, qu'il a repris à titre d'exemple dans l'un de ses ouvrages théoriques, De l'angoisse à l'extase. *Et Roussel était à ce point avide de la reconnaissance dont il s'estimait injustement privé qu'il a enregistré dans* Comment j'ai écrit certains de mes livres *les commentaires qui lui avaient été consacrés par Janet. Le dernier chapitre du* Raymond Roussel *de Foucault commence précisément par cette évocation : « C'est un pauvre petit malade, disait Janet*[19]. » *Mais c'est pour aussitôt relativiser l'intérêt de cette référence, qu'il considère comme négligeable : si l'angoisse qu'a soignée Janet nous concerne, c'est dans la mesure où elle ne se ramène pas à une expérience subjective, vécue à la première personne, et simultanément exposée à être objectivée dans la positivité d'un savoir médical, mais se présente comme « une inquiétude du langage luimême », par laquelle « la " déraison " de Roussel, ses dérisoires jeux de mots, son application d'obsédé, ses absurdes inventions communiquent sans doute avec la raison de notre monde »*[20]. *Entendons : la folie de Roussel ne parle, ne nous parle, que dans la mesure où elle se présente comme étant aussi notre folie, celle qui vient, non*

---

19. Michel Foucault, *Raymond Roussel, op. cit.*, p. 195.
20. *Ibid.*, p. 209.

du fond de nous-mêmes, mais du monde auquel nous appartenons et de la forme perverse de communication que nous entretenons avec lui. Ceci vaut comme une sorte de mode d'emploi négatif du livre de Foucault, qui évacue complètement le cas du « pauvre petit malade ». C'est donc aussi que le Raymond Roussel *de Foucault n'a pas à être lu comme une longue annexe, et publiée à part seulement en raison de sa longueur, à l'*Histoire de la folie, *dont elle illustrerait encore la thématique générale en présentant la malheureuse histoire d'une des victimes de la médicalisation moderne de la folie.*

Une autre figure de Roussel a retenu l'attention des cercles surréalistes, et principalement de Breton : ce n'était plus celle du malade, mais celle de l'enchanteur, dont les absurdes créations avaient ouvert un accès au monde dématérialisé du rêve, et plus généralement de l'imaginaire. Suivant cette voie, on peut lire, dans un texte consacré par Breton à Roussel, que « l'affirmation de Hegel selon laquelle le plaisir esthétique dépend exclusivement " de la manière dont l'imagination se met en scène et dont elle ne met en scène qu'elle-même " appelle et annonce comme nulle autre l'œuvre de Roussel[21] ». *Mais l'enchantement*

---

21. André Breton, « Fronton — Virage » (à propos d'une étude de J. Ferry sur Raymond Roussel). Cette étude, qui date de 1948, est reprise dans *La clé des champs*, Sagittaire, 1953, p. 186-187.

s'explique, argumentait aussi Breton, par le fait qu'il est le produit d'une initiation : et celui-ci s'évertuait en conséquence à projeter sur les textes de Roussel des modèles d'interprétation ésotériques, combinant les révélations de Fulcanelli et les signes du tarot pour reconstituer les étranges combinaisons requises par une telle « alchimie du verbe ». On le voit, toute cette lecture de Roussel tournait autour du thème du secret et des formes de sa possible révélation. Au début de son livre, après l'avoir brièvement résumée, Foucault a ainsi commenté la démarche de Breton : « On voudrait bien : les choses en seraient étrangement simplifiées, et l'œuvre se refermerait sur un secret dont l'interdit à lui seul signalerait l'existence, la nature, le contenu et le rituel obligé ; et par rapport à ce secret, tous les textes de Roussel seraient autant d'habiletés rhétoriques révélant à qui sait lire ce qu'ils disent, par le simple fait, merveilleusement généreux, qu'ils ne le disent pas[22]*. » L'ironie mordante de ces propos indique clairement le peu d'estime que Foucault portait aux hypothèses de Breton, qui, pour lui, étaient tout juste bonnes à ranger dans la catégorie des « commentaires » et de leurs bavardes prétentions.*

---

22. Michel Foucault, *Raymond Roussel, op. cit.*, p. 18.

Roussel apparaît encore sous une autre figure, qui a été dessinée par l'un de ceux qui l'ont sans doute le mieux connu et compris : Michel Leiris. L'apport de Leiris à la connaissance de Roussel est essentiel parce qu'il n'est pas dû à un témoin ou à un interprète, qui aurait seulement considéré l'œuvre ou la personnalité de Roussel de l'extérieur, mais il est celui d'un écrivain qui s'est lui-même engagé dans une voie analogue à celle explorée par Roussel, celle d'une laborieuse transformation du matériau fourni par les séquences du langage quotidien, de manière à en faire sortir une réalité nouvelle, avec sa dimension propre, qui, chez Leiris, serait d'ailleurs davantage temporelle que spatiale. Or la valeur de cet effort tient au fait qu'il a sa signification complètement en lui-même, sans référence à une profondeur de sens dont il serait simplement l'indicateur : il n'y a pas de langage second tenu en réserve de ce qu'effectue le travail de l'écriture, et c'est pourquoi celle-ci peut être à bon droit tenue pour souveraine, pourvu qu'elle s'en tienne à l'observation rigoureuse de la « règle du jeu » ; et cette expression, dont Leiris s'est servi pour intituler sa somme autobiographique, résonne bien comme une sorte d'hommage à Roussel. L'approche de Leiris se situait donc à l'opposé d'un ésotérisme initiatique, mais elle récusait aussi du même coup la tentative d'une herméneutique philosophique, suspectée pour son ambition de surcharger le simple jeu des mots, de le redoubler d'intentions excessives et surtout extérieures, et ainsi de lui retirer sa valeur pure. Et c'est certainement à Foucault que pensait Leiris lorsque, dans un entretien de 1985, il a déclaré : « *Ce qui m'irrite, c'est tout ce qu'on lui prête, il n'avait pas cette lucidité, il n'avait pas de projet philosophique. C'était, et non dans un sens péjoratif, un innocent... Aujourd'hui, sous prétexte de le magnifier, on le diminue et on lui ôte cette innocence merveilleuse qu'il avait*[23]. » *Et, dans la logique de cette position, Leiris a donc intitulé le recueil des textes qu'il avait consacrés à Roussel* Roussel l'ingénu.

Or il est clair que, pour Foucault, Roussel n'a été ni un malade, ni un mystique, ni non plus un naïf. Aussi bien, lorsque Leiris a parlé d'innocence, ce n'était certainement pas pour déguiser Roussel en enfant de chœur ou en faire une sorte de douanier Rousseau des Lettres, mais c'était pour mieux mettre en valeur son statut d'écrivain, qui avait sacrifié sa vie entière à un travail d'intervention directe sur les mots, en l'absence de toute autre fin, cette activité, on vient de l'indiquer, devant se suffire parfaitement à elle-même. Mais

---

23. Michel Leiris, « Entretien sur Raymond Roussel » (*Le Promeneur*, n° L, octobre 1986), repris dans *Roussel l'ingénu*, Fata Morgana, 1987, p. 96.

cet enfermement dans l'ordre de la pure écriture est aussi ce à quoi, selon Foucault, Roussel avait précisément échappé, une telle démarche restant rivée à la mythologie de l'écrivain, et à sa recherche d'une identité déployée à même son œuvre. Lorsque, dans son livre sur Roussel, Foucault rencontre la présence incontournable de Leiris, c'est pour rendre hommage à « son admirable Règle du jeu », *mais aussi souligner que son expérience, par rapport à celle de Roussel, est « à la fois opposée et voisine (le même jeu mais selon une autre règle) » ; et, manifestement, cette différence n'est pas simplement formelle, mais concerne ce qui est au cœur de la démarche de ces deux écrivains, dont l'un reste un « auteur », à la recherche de « l'absolue mémoire » qui lui vient des mots, « dans la plénitude mobile d'une vérité que rien n'épuise », alors que l'autre cherche au contraire à s'y oublier, et à y disparaître, « pour y trouver un vide irrespirable, une rigoureuse absence d'être dont il pourra disposer en toute souveraineté*[24] ». *Ainsi, au point de vue de Foucault, il y aurait quelque chose d'encore trop artiste dans la quête jubilante de Leiris, et dans les formes d'attachement qui la supportent ou la légitiment.*

Risquons cette hypothèse : ce qui, chez Roussel, a fasciné Foucault au point de l'amener à lui

24. Michel Foucault, *Raymond Roussel, op. cit.*, p. 28-29.

consacrer tout un ouvrage, c'est cette complète discipline de soi qu'il s'était imposée, où aveuglement et lucidité semblent se conjuguer dans l'obstination, l'excès et la démesure. Alors, les obsessions soignées par Janet, les subtils rituels recensés par Breton, et la solitude de l'écrivain dans laquelle Leiris s'est lui-même reconnu, tout cela converge et s'absorbe dans une forme d'existence extrême : et les figures de l'enfant, du dandy, du fou de littérature se fondent dans celle du mort de Palerme, sur l'évocation duquel s'ouvre le livre de Foucault[25]. *Là est la figure de Roussel que Foucault a privilégiée*[26]. *C'est celle qui a fait basculer l'extrême personnalisation d'une vie entre toutes singulière dans l'anonymat propre à une expérience absolue de pensée. Et cette figure évoque le projet de ce que Foucault appellera plus tard « stylisation de l'existence », où les plaisirs de la vérité ne se séparent pas de l'épreuve d'un risque absolu : en écrivant, Roussel a joué sa vie même, jusqu'au point où il a fini par la perdre.*

---

25. Sur la mort de Roussel à l'Albergo delle Palme de Palerme en 1933, et sur le détail de l'enquête de la police fasciste italienne qui a conclu au suicide, il faut lire, de François Caradec, *Vie de Raymond Roussel* (Jean-Jacques Pauvert, 1972), ainsi que la relation de la minutieuse contre-enquête effectuée sur les lieux, à une quarantaine d'années de distance par Leonardo Sciascia.
26. Remarquons en passant que le livre de Foucault ne fait aucune allusion à l'homosexualité de Roussel. Les « commentateurs » qui entreprendraient de justifier par là son intérêt sont ainsi priés d'aller se rhabiller.

Roussel n'a donc certainement pas été un penseur, au sens subjectif du terme, et en ce sens Leiris a eu raison de souligner son ingénuité. Mais, dans sa démarche de sujet écrivant, il a été habité, hanté, possédé par une pensée dérangeante, dont il s'est fait en quelque sorte l'acteur ou le porteur. Dans son livre, Foucault a cherché à déployer cette pensée, dans l'espace qu'elle découvre, et qui est celui du langage.

Les jeux du langage

Le livre le plus connu de Roussel est celui qu'il avait réservé à une publication posthume, et dont la lecture paraît en conséquence suspendue à la nécessité de sa mort, Comment j'ai écrit certains de mes livres. *Ce livre retient particulièrement l'attention dans la mesure où il se présente, dans son titre même, comme la révélation d'un secret, qui est d'abord un secret de fabrication. La production poétique chez Roussel est en effet liée à l'application d'un « procédé » ; celui-ci consiste en une intervention directe sur la matérialité signifiante des mots qui précède et commande leur économie fictionnelle, dans l'ordre du signifié proprement dit. De cette idée simple, on sait que Roussel a tiré des effets d'une extrême sophistication, et l'on n'a pas fini d'être stupéfié par les étranges visions qu'il a ainsi suscitées, d'où semble sortir, comme chez Jules Verne, qui a été le grand modèle de Roussel, l'image de mondes nouveaux. Ainsi Roussel est d'abord celui qui a manipulé le langage comme s'il s'agissait d'un appareil, à la ressemblance des fabuleuses machines qui sont décrites dans* Locus solus. *Toute l'ambiguïté de la démarche de Roussel est là : d'une part, elle s'est appuyée sur ce qu'il y a de plus machinal, au sens propre du terme, dans le fait de se servir du langage, et l'on comprend pourquoi Breton s'est tant intéressé au fonctionnement de ces automatismes ; mais simultanément, elle a fait aussi de ce même langage le lieu où s'effectue une machination apparemment concertée, même si ses enjeux, ramenés au montage de grossiers calembours, paraissent dérisoires. L'ingénuité du « jeu » de Roussel tient dans l'écart imperceptible et considérable qui sépare ici le machinal du machiné, et c'est dans la faille ainsi ouverte qu'il a lui-même engagé son existence entière.*

On comprend alors que, en livrant son secret, Roussel a levé une nouvelle énigme, qui conduit à s'interroger à nouveau, cette fois sur le secret de son secret : « Secret redoutable, car sa forme solennellement ultime, le soin avec lequel elle a été, tout au long de l'œuvre, retardée pour venir à échéance au moment de la mort, transforme en énigme le procédé qu'elle met au jour[27]. » *Aussi*

---

27. Michel Foucault, *Raymond Roussel, op. cit.*, p. 8.

*bien, l'œuvre entière de Roussel n'est-elle pas uniformément réductible au mécanisme du « procédé » : les œuvres à procédé (*Impressions d'Afrique, Locus solus*) voisinent avec d'autres œuvres qui, Roussel l'a souligné avec insistance, ne relèvent pas du (même) procédé (*La doublure, La vue*), dont la lecture produit cependant un effet comparable, et même peut-être plus fort encore, d'étrangeté. Le secret du secret serait donc qu'il n'y a pas du tout de secret, ou plutôt que le secret, dont le caractère dérisoire frappe immédiatement sitôt qu'il est révélé, ne cache rien : « Le langage caché dans la révélation révèle seulement qu'au-delà il n'y a plus de langage, et que ce qui parle silencieusement en elle c'est déjà le silence*[28]. » *Ainsi le procédé, en se redoublant, du fait de son* « *invisible invisibilité*[29] », *démontre qu'il n'y a pas de langage second qui serait la vérité en miroir du premier, mais que sa vérité, le langage la tient tout entière en lui-même, c'est-à-dire dans son indéfinie prolifération :* « *Chaque mot est à la fois animé et ruiné, rempli et vidé par la possibilité qu'il y en ait un second — celui-ci ou celui-là, ou ni l'un ni l'autre, mais un troisième, ou rien*[30]. »

28. *Ibid.*, p. 87.
29. Cette expression revient à deux reprises sous la plume de Foucault ; cf. *ibid.*, p. 77 et 85.
30. *Ibid.*, p. 20 — Foucault tenait suffisamment à ces formules pour les avoir reprises, avant même que son livre ne fût publié, dans un article, « Dire et voir chez Raymond Roussel » (*Lettre ouverte,* n° 4, été 1962), où il soulignait la singularité d'une œuvre « qui

C'est le « ou rien » qui manifestement leste cette phrase de son poids, ou de son vide.

Alors les jeux de langage de Roussel exhibent leur caractère essentiel : ils ne sont pas seulement des jeux avec le langage, c'est-à-dire de simples manipulations[31]*, mais un jeu du langage lui-même, en tant que celui-ci est jeu du langage sur le langage, en un sens où l'idée de jeu rejoint celle d'un écart. Proprement, le langage, mis à distance de lui-même par la forme poétique de son usage, « joue » : et dans le gouffre ainsi révélé, au cœur du langage, gît, non la plénitude d'un sens caché, mais ce qui constitue la vérité même du langage, c'est-à-dire son vide, ou si l'on veut sa facticité. C'est ce que Foucault appelle « la faille ontologique du langage*[32] *» : « Une sombre machine à faire naître la répétition, et par là à creuser un vide où l'être s'engloutit, où les mots se précipitent à la poursuite des choses et où le langage indéfiniment s'effondre vers cette centrale absence*[33]*. » Le*

---

impose une inquiétude informe, divergente, centrifuge, orientée non pas vers le plus réticent des secrets, mais vers le dédoublement et la transformation des formes les plus visibles ; chaque mot est à la fois rempli et vidé, animé et ruiné par la possibilité qu'il y en ait un second — celui-ci ou celui-là, ou ni l'un ni l'autre, mais un troisième, ou rien ».

31. « Il savait bien qu'on ne dispose jamais absolument du langage. Et qu'il se joue du sujet qui parle, dans ses répétitions et ses dédoublements » (Michel Foucault, *Raymond Roussel, op. cit.*, p. 45).
32. *Ibid.*, p. 176.
33. *Ibid.*, p. 175.

jeu du langage indique ainsi le lieu d'où s'énonce une sorte d'ontologie négative : délesté de l'illusion herméneutique selon laquelle il serait porteur d'un sens univoque, le langage se présente comme étant doté d'une force représentative élevée à la puissance, dans la mesure précisément où elle est une représentation négative : loin que son plein reproduise à l'identique le plein des choses, l'espace qu'il creuse à l'intérieur de son ordre annonce un vide qu'il projette aussi dans les choses. On le voit : bien loin de donner la clé de la porte ouvrant sur un monde de merveilles, transcendant celui de la réalité, l'expérience menée par Roussel fait comprendre que la porte, si elle existe, et si elle peut être ouverte, ne donne sur rien d'autre que sur le redoublement du secret qui la ferme, c'est-à-dire la mort.

Car là est finalement le dernier mot de l'expérience littéraire telle que Roussel, aux yeux de Foucault, l'a poursuivie et accomplie dans sa terrible perfection[34] : « *Roussel a inventé des machines à langage, qui n'ont sans doute, en dehors du procédé, aucun autre secret que le*

---

34. Sur le thème des rapports entre la littérature et la mort dans le *Raymond Roussel* de Foucault, lire, dans les actes du colloque de 1988 (*Michel Foucault philosophe*, Seuil, coll. « Des travaux », 1989), les interventions de Raymond Bellour (« Vers la fiction ») et de Denis Hollier (« Le mot de Dieu : Je suis mort ») ; voir également Pierre Macherey, *A quoi pense la littérature ?* (PUF, 1990), chap. 9, « Foucault lecteur de Roussel : la littérature comme philosophie ».

visible et profond rapport que tout langage entretient, dénoue et reprend avec la mort[35]. » *Et lorsque, dans la conclusion des* Mots et les choses, *Foucault reviendra sur les enseignements qui se dégagent de la lecture de Roussel, il utilisera pratiquement les mêmes termes :* « *Chez Roussel le langage, réduit en poudre par un hasard systématiquement ménagé, raconte indéfiniment la répétition de la mort et l'énigme des origines dédoublées*[36]. » *Mortelle écriture, que Roussel a payée de sa vie, comme pour faire mieux corps avec son œuvre*[37].

Foucault n'a pas voulu expliquer l'œuvre de Roussel par la folie de son auteur, et ceci pour écarter l'effet d'une réflexion en miroir entre l'auteur et son œuvre, comme s'il se tenait en dehors d'elle, de l'autre côté d'une ligne invisible

---

35. Michel Foucault, *Raymond Roussel, op. cit.*, p. 71.
36. Michel Foucault, *Les mots et les choses*, Gallimard, 1966, p. 395.
37. C'est sans doute dans ce sens qu'il faut comprendre cette étonnante déclaration de Foucault dans son entretien avec C. Ruas : « Je crois qu'il vaut mieux essayer de concevoir que, au fond, quelqu'un qui est écrivain ne fait pas simplement ses œuvres dans ses livres, dans ce qu'il publie, et que son œuvre principale, c'est finalement lui-même écrivant ses livres. Et c'est ce rapport de lui à ses livres, de sa vie à ses livres, qui est le point central, le foyer de son activité et de son œuvre. La vie privée d'un individu, ses choix sexuels et son œuvre sont liés entre eux, non parce que l'œuvre traduit la vie sexuelle, mais parce qu'elle comprend la vie aussi bien que le texte. L'œuvre est plus que l'œuvre : le sujet qui écrit fait partie de l'œuvre. » La vie, dans le cas précis de Roussel, c'est ce qui ne se comprend que par rapport à la mort.

qu'il lui faudrait traverser pour se refléter en elle. Mais le sens de la démarche de Foucault serait plutôt de faire rentrer la folie dans l'œuvre elle-même : plutôt qu'un fou littéraire, Roussel aurait été ce fou de littérature, qui a poussé jusqu'au bout une telle « expérience », au point de la faire coïncider avec celle de sa propre mort. Mais cette mort de l'individu doit aussi correspondre au surgissement premier du langage, dont elle donne la révélation. A propos de Rousseau, cet autre aliéné de l'écriture, Foucault avait écrit un an avant la publication de son Raymond Roussel *: « Il faut distinguer le langage de l'œuvre : c'est, au-delà d'elle-même, ce vers quoi elle se dirige, ce qu'elle dit, mais c'est aussi en deçà d'elle-même ce à partir de quoi elle parle. A ce langage-ci, on ne peut appliquer les catégories du normal et du pathologique, de la folie et du délire, car il est franchissement premier, pure transgression*[38]*. » Ce sont les psychologues comme Janet qui, en sens exactement inverse, prétendent extraire de l'œuvre la folie dont elle ne serait que la manifestation, comme s'il pouvait y avoir une folie en soi, et comme si l'œuvre était dissociable de la folie qui l'habite, ou même tout simplement lisible en son absence. Tel est le sens qu'il faudrait donner finalement à la fameuse formule « la folie,*

---

38. Michel Foucault, introduction à la réédition de *Rousseau juge de Jean-Jacques*, Armand Colin, 1962.

absence d'œuvre » : ce n'est pas la folie qui produit des œuvres, mais c'est plutôt l'œuvre, dans la mesure où elle correspond à une expérience de vérité, qui s'exclut en soi-même, posant ainsi son rapport nécessaire et contradictoire à la folie pour laquelle elle témoigne dans son essence même. C'est là-dessus que s'achève le* Raymond Roussel *de Foucault :* « Le langage n'est-il pas, entre la folie et l'œuvre, le lieu vide et plein, invisible et inévitable, de leur mutuelle exclusion ?... L'espace du langage de Roussel, le vide d'où il parle, [c'est] l'absence par laquelle l'œuvre et la folie communiquent et s'excluent[39]. »*

Pierre Macherey

---

39. Michel Foucault, *Raymond Roussel, op. cit*, p. 205-207.

I

LE SEUIL ET LA CLEF

L'œuvre nous est offerte dédoublée en son dernier instant par un discours qui se charge d'expliquer comment... Ce « comment j'ai écrit certains de mes livres », révélé lui-même quand tous étaient écrits, a un étrange rapport avec l'œuvre qu'il découvre dans sa machinerie, en la recouvrant d'un récit autobiographique hâtif, modeste et méticuleux.

En apparence, Roussel respecte l'ordre des chronologies : il explique son œuvre en suivant le droit fil qui est tendu des récits de jeunesse aux *Nouvelles Impressions* qu'il vient de publier. Mais la distribution du discours et son espace intérieur sont de sens contraire : au premier plan, et en grosses lettres, le procédé qui organise les textes initiaux ; puis en étages plus serrés, les mécanismes des *Impressions d'Afrique,* avant ceux de *Locus Solus,* à peine indiqués. A l'horizon, là où le langage se perd avec le temps, les textes récents — *Poussière de Soleils* et *l'Etoile au Front* — ne sont plus qu'un point. Les *Nouvelles Impressions,* elles, sont déjà de l'autre côté du ciel, et on ne peut les y repérer que par ce qu'elles ne sont pas. La géométrie profonde de cette « révélation » renverse le triangle du temps. Par une rotation complète, le proche devient le plus lointain. Comme si Roussel ne pouvait jouer son rôle de guide que dans les premiers détours du labyrinthe, et qu'il l'abandonnait dès que le cheminement s'approche du point central où il est lui-même, tenant les fils en leur plus grand embrouillement — où, qui sait ? en leur plus grande simplicité. Le miroir qu'au moment de mourir Roussel tend à son œuvre et *devant* elle, dans un geste mal défini d'éclairement et de précaution, est doué d'une bizarre magie : il repousse la figure centrale dans le fond où les lignes se brouillent, recule au plus loin la place d'où se fait la révélation, mais rapproche, comme pour la plus extrême myopie, ce qui est le plus éloigné de l'instant où elle parle. A mesure qu'elle approche d'elle-même, elle s'épaissit en secret.

Secret redoublé : car sa forme solennellement ultime, le soin avec lequel elle a été, tout au long de l'œuvre, retardée pour venir à échéance au moment de la mort, transforme en énigme le procédé qu'elle met au jour. Le lyrisme est méticuleusement exclu de *Comment j'ai écrit certains de mes livres* (les citations de Janet utilisées par Roussel pour parler de ce qui fut sans doute l'expérience nodale de sa vie montrent la rigueur de cette exclusion) ; on y trouve des renseignements, point de confidence, et pourtant quelque chose est confié, absolument — dans cette figure étrange du secret que la mort garde et publie. « Et je me réfugie faute de mieux dans l'espoir que j'aurai peut-être un peu d'épanouissement posthume à l'endroit de mes livres. » Le « comment » inscrit par Roussel en tête de son œuvre dernière et révélatrice nous introduit non seulement au secret de son langage, mais au secret de son rapport avec un tel secret, non pour nous y guider, mais pour nous laisser au contraire désarmé, et dans un embarras absolu quand il s'agit de déterminer cette forme de réticence qui a maintenu le secret en cette réserve tout à coup dénouée.

La phrase première : « Je me suis toujours proposé d'expliquer de quelle façon j'avais écrit certains de mes livres » indique avec assez de clarté que ces rapports ne furent ni accidentels ni établis au dernier instant, mais qu'ils ont fait partie de l'œuvre même, et de ce qu'il y avait de plus constant, de mieux enfoui dans son intention. Et puisque cette révélation de dernière minute et de premier projet forme maintenant le seuil inévitable et ambigu qui initie à l'œuvre en la terminant, elle se joue de nous, à n'en pas douter : en donnant une clef qui désamorce le jeu, elle dessine une énigme seconde. Elle nous prescrit, pour lire l'œuvre, une conscience inquiète : conscience en laquelle on ne peut se reposer, puisque le secret n'est pas à trouver comme dans ces devinettes ou charades que Roussel aimait tant ; il est démonté et avec soin, pour un lecteur qui aurait donné, avant la fin du jeu, sa langue au chat. Mais c'est Roussel qui donne au chat la langue de ses lecteurs ; il les contraint à connaître un secret qu'ils ne reconnaissaient pas, et à se sentir pris dans une sorte de secret flottant, anonyme, donné et retiré, et jamais tout à fait démontrable : si Roussel de son plein gré a dit qu'il y avait *du* secret, on peut supposer qu'il l'a radicalement supprimé en le disant et en disant quel il est, ou, tout aussi bien, qu'il l'a décalé, poursuivi et multiplié en laissant secret le principe du secret et de sa suppression. L'impossibilité, ici, de décider lie tout discours sur Roussel non seulement au risque commun de se tromper mais à celui, plus raffiné, de l'être. Et d'être trompé moins par un secret que par la conscience qu'il y a secret.

Roussel, en 1932, avait adressé à l'imprimeur une partie du texte qui allait devenir, après sa mort, *Comment j'ai écrit certains de mes livres*. Ces pages, il était entendu qu'elles ne devaient point paraître de son vivant. Elles n'attendaient pas sa mort ; celle-ci, plutôt, était aménagée en elles, liée sans doute à l'instance de la révélation qu'elles portaient. Quand, le 30 mai 1933, il précise ce que doit être l'ordonnance de l'ouvrage, il avait depuis longtemps pris ses dispositions pour ne plus revenir à Paris. Au mois de juin, il s'installe à Palerme, quotidiennement drogué et dans une grande euphorie. Il tente de se tuer ou de se faire tuer, comme si maintenant il avait pris « le goût de la mort dont auparavant il avait la crainte ». Le matin où il devait quitter son hôtel pour une cure de désintoxication à Kreuzlingen, on le retrouve mort ; malgré sa faiblesse, qui était extrême, il s'était traîné avec son matelas tout contre la porte de communication qui donnait sur la chambre de Charlotte Dufresne. Cette porte, en tous temps, restait libre ; on la trouva fermée à clef. La mort, le verrou et cette ouverture close formèrent, en cet instant et pour toujours sans doute, un triangle énigmatique où l'œuvre de Roussel nous est à la fois livrée et refusée. Ce que nous pouvons entendre de son langage nous parle à partir d'un seuil où l'accès ne se dissocie pas de ce qui forme défense — accès et défense eux-mêmes équivoques puisqu'il s'agit, en ce geste non déchiffrable, de quoi ? de libérer cette mort si longtemps redoutée et soudain désirée ? ou peut-être aussi bien de retrouver une vie dont il avait tenté avec acharnement de se délivrer mais qu'il avait si longtemps rêvé de prolonger à l'infini par ses œuvres, et, dans ses œuvres mêmes, par des appareils méticuleux, fantastiques, infatigables ? De clef, y en a-t-il d'autre maintenant que ce texte dernier qui est là, immobile, tout contre la porte ? Faisant signe d'ouvrir ? Ou le geste de fermer ? Tenant une clef simple, merveilleusement équivoque, apte en un seul tour à cadenasser ou à délivrer ? Refermant avec soin sur une mort sans atteinte possible, ou peut-être, transmettant, au-delà d'elle, cet éblouissement dont le souvenir n'avait pas quitté Roussel depuis sa dix-neuvième année, et dont il avait essayé, en vain toujours, sauf peut-être cette nuit-là, de retrouver la clarté ?

Roussel, dont le langage est d'une grande précision,

a dit curieusement de *Comment j'ai écrit certains de mes livres* qu'il s'agissait d'un texte « secret et posthume ». Il voulait dire sans doute — au-dessous de la signification évidente : secret jusqu'à la mort exclue — plusieurs choses : que la mort appartenait à la cérémonie du secret, qu'elle en était un seuil préparé, la solennelle échéance ; peut-être aussi que le secret resterait secret jusque dans la mort, trouvant en elle le secours d'une chicane supplémentaire — le « posthume » multipliant le « secret » par lui-même et l'inscrivant dans le définitif ; ou mieux que la mort révélerait qu'il y a un secret, montrant, non ce qu'il cache, mais ce qui le rend opaque et infracassable ; et qu'il ne garderait le secret en dévoilant qu'il est secret, le livrant épithète, le maintenant substantif. Et on n'a plus au fond de la main que l'indiscrétion têtue, interrogative, d'une clef elle-même verrouillée — chiffre déchiffrant et chiffré.

Comment j'ai écrit certains de mes livres cache autant et plus que n'en dévoile la révélation promise. Il n'offre guère que des épaves dans une catastrophe de souvenirs qui oblige, dit Roussel, « à mettre des points de suspension ». Mais aussi générale que soit cette lacune, elle n'est encore qu'un accident de surface à côté d'une autre, plus essentielle, impérieusement indiquée par la simple exclusion, sans commentaire, de toute une série d'œuvres. « Il va sans dire que mes autres livres, *la Doublure, la Vue,* et *Nouvelles Impressions d'Afrique* sont absolument étrangers au procédé. » Hors secret sont aussi trois textes poétiques, *l'Inconsolable, les Têtes de carton* et le premier poème écrit par Roussel, *Mon âme*. Quel secret recouvre cette mise à l'écart, et le silence qui se contente de la signaler sans un mot d'explication ? Cachent-elles, ces œuvres, une clef d'une autre nature — ou la même, mais cachée doublement jusqu'à la dénégation de son existence ? Et peut-être y a-t-il une clef générale dont relèverait aussi bien, selon une loi très silencieuse, les œuvres chiffrées — et déchiffrées par Roussel — et celles dont le chiffre serait de n'avoir pas de chiffre apparent. La promesse de la clef, dès la formulation qui la livre, esquive ce qu'elle promet ou plutôt le renvoie au-delà de ce qu'elle-même peut livrer, à une interrogation où tout le langage de Roussel se trouve pris.

Etrange pouvoir de ce texte destiné à « expliquer ». Si douteux apparaissent son statut, la place d'où il s'élève et d'où il fait voir ce qu'il montre et les frontières jusqu'où il s'étend, l'espace qu'à la fois il supporte et il mine, qu'il n'a guère, en un premier éblouissement, qu'un seul effet : propager le doute, l'étendre par omission concertée là où il n'avait pas de raison d'être, l'insinuer dans ce qui doit en être protégé, et le planter jusque dans le sol ferme où lui-même s'enracine. *Comment j'ai écrit certains de mes livres* est après tout un de « ses » livres : le texte du secret dévoilé n'a-t-il pas le sien mis au jour et masqué à la fois par la lumière qu'il porte aux autres ?

A ce risque généralisé, on peut supposer plusieurs figures dont l'œuvre de Roussel (n'est-elle pas, après tout, le secret du secret ?) donnerait les modèles. Il se peut qu'au-dessous du procédé révélé dans le texte dernier, une autre loi établisse son règne plus secret et une forme tout à fait imprévue. Sa structure serait celle, exactement, des *Impressions d'Afrique* ou de *Locus Solus* : les scènes aménagées sur le tréteau des Incomparables ou les machineries du jardin de Martial Canterel ont une explication apparente dans un récit — événement, légende, souvenir, ou livre —, qui en justifie les épisodes ; mais la clef réelle — ou en tout cas une autre clef à un niveau plus profond — ouvre le texte selon toute sa longueur et révèle sous tant de merveilles la sourde explosion phonétique de phrases arbitraires. Peut-être, après tout, l'œuvre en son entier est-elle construite sur ce modèle : *Comment j'ai écrit certains de mes livres* jouant le même rôle que la seconde partie des *Impressions d'Afrique* ou les passages explicatifs de *Locus Solus*, et cachant, sous prétexte de révélation, la vraie force souterraine d'où jaillit le langage.

Il se peut aussi que la révélation de *Comment j'ai écrit* n'ait de valeur que propédeutique, formant une sorte de mensonge salutaire, — vérité partielle qui signale seulement qu'il faut chercher plus loin et dans des corridors plus profonds ; l'œuvre serait alors bâtie sur tout un étagement de secrets qui se commandent mais sans qu'aucun d'eux n'ait valeur universelle ou absolument libératrice. Donnant une clef au dernier moment, le dernier texte serait comme un premier retour vers l'œuvre avec une double fonction : ouvrir, dans leur architecture la plus extérieure, certains textes, mais indiquer qu'il faut pour ceux-ci et pour les autres une série de clefs dont chacune ouvrirait sa propre boîte, et non pas celle plus petite, plus précieuse, mieux protégée qui s'y trouve contenue. Cette figure de l'enveloppement est familière à Roussel : on la trouve employée, avec application, dans les *Six Documents pour servir de canevas* ; *Poussière de Soleils* l'utilise justement comme méthode de découverte d'un secret ; dans les *Nouvelles Impressions,* elle prend la forme étrange d'une élucidation proliférante, toujours interrompue par une nouvelle lumière, laquelle est brisée à son tour par la parenthèse d'une autre clarté, qui, née à l'intérieur de la précédente, la tient suspendue et pour longtemps fragmentaire, jusqu'à ce que tous ces jours successifs, interférants et éclatés forment, sous le regard, l'énigme d'un texte lumineux et sombre que tant d'ouvertures ménagées hérissent en forteresse imprenable.

Ou encore, le procédé pourrait bien jouer le rôle d'amorce et de conclusion qui est celui de ces phrases identiques et ambiguës dans lesquelles les textes de « grande jeunesse » enchâssent leurs récits cycliques. Il formerait une sorte de périmètre obligé, mais qui laisserait libre, au centre du langage, une grande plage d'imagination, sans autre clef peut-être que son jeu. Le procédé aurait alors une fonction de déclenchement et de protection ; il délimiterait un milieu privilégié, hors contact, que la rigueur de sa forme périphérique libérerait de toute contrainte extérieure.

Son arbitraire décrocherait la rédaction de toute complicité, induction, communication subreptice, influence et lui offrirait dans un espace absolument neutre la possibilité de prendre son volume propre. Le « procédé » ne commanderait pas les œuvres jusqu'en leur figure la plus centrale ; il en serait seulement le seuil, franchi dès que tracé, rite de purification plutôt que formule d'architecture. Roussel s'en serait servi pour encadrer le grand rituel de son œuvre, le répétant solennellement et pour tous quand il en achevait pour lui-même le cycle. Tout autour de l'œuvre, le procédé formerait un cercle ne livrant l'accès qu'en laissant l'initié dans l'espace blanc et totalement énigmatique d'une œuvre ritualisée, c'est-à-dire séparée, mais non expliquée. Il faudrait considérer alors *Comment j'ai écrit* un peu comme la lentille de la *Vue* : cette minuscule surface qu'il faut faire éclater en la traversant du regard pour qu'elle libère tout un volume qui lui est incommensurable et qui, pourtant, sans elle, ne pourrait être ni fixé, ni parcouru, ni conservé. Peut-être le procédé n'est-il pas plus l'œuvre elle-même que le petit verre bombé n'est la plage dont il ouvre et protège la lumière à condition qu'on franchisse d'un regard son seuil indispensable.

Le texte « révélateur » de Roussel demeure si réservé pour décrire le jeu du procédé dans l'œuvre et l'œuvre à son tour si prolixe en modèles de déchiffrement, en rites de seuil et en serrures qu'il est difficile de situer *Comment j'ai écrit certains de mes livres* par rapport à ces livres eux-mêmes et aux autres. Sa fonction positive d'explication — de recette aussi : « Il me semble qu'il est de mon devoir de le révéler, car j'ai l'impression que des écrivains de l'avenir pourraient peut-être l'exploiter avec fruit » — se retourne vite dans le jeu d'une incertitude qui n'en finit pas comme se prolonge indéfiniment le geste douteux par lequel Roussel, sur le seuil, la dernière nuit, a voulu peut-être ouvrir, peut-être fermer la porte. En un sens l'attitude de Roussel est inverse de celle de Kafka, mais aussi difficile à déchiffrer : Kafka avait confié à Max Brod des manuscrits pour qu'ils soient détruits après sa mort — à Max Brod qui avait dit qu'il ne les détruirait pas ; Roussel aménage autour de sa mort le texte simple d'une explication que ce texte et les autres livres et cette mort même rendent sans recours douteuse.

Une seule chose est certaine : le livre « posthume et secret » est l'élément dernier, indispensable au langage de Roussel. En donnant une « solution » il transforme chacun de ses mots en piège possible, c'est-à-dire en piège réel, puisque la seule possibilité qu'il y ait un double fond ouvre pour qui écoute un espace d'incertitude sans repos. Ce qui ne conteste pas l'existence du procédé clef, ni le méticuleux positivisme de Roussel, mais donne à sa révélation une valeur rétrograde et indéfiniment inquiétante.

Tous ces corridors, il serait rassurant de pouvoir les fermer, d'interdire toutes les issues et d'admettre que Roussel échappe par la seule issue que notre conscience, pour son plus grand repos, veut bien lui aménager. « Est-il bien convenable qu'un homme étranger à toute tradition initiatique se considère comme tenu à emporter dans la tombe un secret d'un autre ordre... N'est-il pas plus tentant d'admettre que Roussel obéit, en qualité d'adepte, à un mot d'ordre imprescriptible [1] ? » On voudrait bien: les choses en seraient étrangement simplifiées et l'œuvre se refermerait sur un secret dont l'interdit à lui seul signalerait l'existence, la nature, le contenu et le rituel obligé ; et par rapport à ce secret, tous les textes de Roussel seraient autant d'habiletés rhétoriques révélant à qui sait lire ce qu'ils disent, par le simple fait, merveilleusement généreux, qu'ils ne le disent pas.

A l'extrême limite, il se peut que la « chaîne » de *Poussière de Soleils* ait quelque chose à voir (dans la forme) avec la procession du savoir alchimique, même s'il y a peu de chances pour que les vingt-deux changements de décor imposés par la mise en scène répètent les vingt-deux arcanes majeurs du tarot. Il se peut que certains dessins extérieurs du cheminement ésotérique aient servi de modèle : mots dédoublés, coïncidences et rencontres à point nommé, emboîtement des péripéties, voyage didactique à travers des objets porteurs, en leur banalité, d'une histoire merveilleuse qui définit leur prix en décrivant leur genèse, découvertes en chacun d'eux d'avatars mythiques qui les conduisent jusqu'à l'actuelle promesse de la déli-

---

1. André Breton : *Fronton Virage*.

vrance. Mais si Roussel, ce qui n'est pas sûr, a utilisé de pareilles figures, c'est sur le mode où il s'est servi de quelques vers d'*Au clair de la Lune* et de *J'ai du bon tabac* dans les *Impressions d'Afrique* : non pour en transmettre le contenu par un langage extérieur et symbolique destiné à le livrer en le dérobant, mais pour aménager à l'intérieur du langage un verrou supplémentaire, tout un système de voies invisibles, de chicanes et de subtiles défenses.

Le langage de Roussel est opposé — par le sens de ses flèches plus encore que par le bois dont il est fait — à la parole initiatique. Il n'est pas bâti sur la certitude qu'il y a un secret, un seul, et sagement silencieux ; il scintille d'une incertitude rayonnante qui est toute de surface et qui recouvre une sorte de blanc central : impossibilité de décider s'il y a un secret, ou aucun, ou plusieurs et quels ils sont. Toute affirmation qu'il existe, toute définition de sa nature assèche dès sa source l'œuvre de Roussel, l'empêchant de vivre de ce vide qui mobilise, sans l'initier jamais, notre inquiète ignorance. En sa lecture, rien ne nous est promis. Seule est prescrite intérieurement la conscience qu'en lisant tous ces mots alignés et lisses nous sommes exposés au danger hors repère d'en lire d'autres, qui sont autres et les mêmes. L'œuvre, en sa totalité — avec l'appui qu'elle prend dans *Comment j'ai écrit* et tout le travail de sape dont cette révélation la mine — impose systématiquement une inquiétude informe, divergente, centrifuge, orientée non pas vers le plus réticent des secrets, mais vers le dédoublement et la transmutation des formes les plus visibles : chaque mot est à la fois animé et ruiné, rempli et vidé par la possibilité qu'il y en ait un second — celui-ci ou celui-là, ou ni l'un ni l'autre, mais un troisième, ou rien.

2

LES BANDES DU BILLARD

Soit un Européen qui, après naufrage, est capturé par un chef noir ; il envoie à son épouse, par pigeons interposés, et grâce à une provision miraculeuse d'encre et de papier, une longue série de missives pour raconter les sauvages combats et les soupers de chair humaine dont son maître est le détestable héros. Roussel dit tout cela mieux et plus vite : « les lettres du blanc sur les bandes du vieux pillard ».

Et maintenant, « les lettres du blanc sur les bandes du vieux billard », ce sont les signes typographiques qu'on trace à la craie sur les bords de la grande table couverte d'un drap vert un peu mité déjà, lorsque, par un après-midi pluvieux, on veut distraire un groupe d'amis confinés dans une maison de campagne, en leur proposant un rébus ; mais que, trop maladroit pour dessiner des figures assez évocatrices, on leur demande seulement de regrouper en mots cohérents des lettres dispersées tout au long du grand périmètre rectangulaire.

Dans l'écart infime et immense de ces deux phrases,

des figures vont naître qui sont parmi les plus familières de Roussel : emprisonnement et libération, exotisme et cryptogramme, supplice par le langage et rachat par ce même langage, souveraineté des mots dont l'énigme dresse des scènes muettes, comme celle des invités sidérés qui tournent autour du billard en une sorte de ronde où la phrase cherche à se reconstituer. Tout cela forme le paysage naturel des quatre œuvres centrales de Roussel, des quatre grands textes qui obéissent au « procédé » : *Impressions d'Afrique, Locus Solus, l'Etoile au Front, Poussière de Soleils.*

Ces prisons, ces machines humaines, ces tortures chiffrées, tout ce lacis de mots, de secrets et de signes sont merveilleusement issus d'un fait de langage : une série de mots identiques qui dit deux choses différentes. Exiguïté de notre langue qui, lancée dans deux directions différentes, soudain est ramenée en face d'elle-même et contrainte de se croiser. Mais on peut dire aussi bien que c'est là une remarquable richesse, puisque ce groupe de mots simples, dès qu'on le soulève, éveille tout un grouillement sémantique de différences : il y a les lettres (épistolaires) et les lettres (graphiques) ; il y a les bandes du drap vert, et celles sauvages, hurlantes, du roi anthropophage. L'identité des mots — le simple fait, fondamental dans le langage, qu'il y a moins de vocables qui désignent que de choses à désigner — est elle-même une expérience à double versant : elle révèle dans le mot le lieu d'une rencontre imprévue entre les figures du monde les plus éloignées (il est la distance abolie, le point de choc des êtres, la différence ramassée sur elle-même en une forme unique, duelle, ambiguë, minotaurine); et elle montre un dédoublement du langage qui, à partir d'un noyau simple, s'écarte de lui-même et fait naître sans cesse d'autres figures (prolifération de la distance, vide qui naît sous les pas du double, croissance labyrinthique des corridors semblables et différents). En leur riche pauvreté, les mots toujours conduisent plus loin et ramènent à eux-mêmes ; ils perdent et se retrouvent ; ils filent à l'horizon en dédoublements répétés, mais reviennent au point de départ en une courbe parfaite : c'est bien ce qu'ont dû reconnaître les invités mystifiés tournant autour du billard et découvrant que la ligne droite des mots c'était précisément le trajet circulaire.

Cette merveilleuse propriété du langage d'être riche de sa misère, les grammairiens du xviiie siècle la connaissaient bien ; et dans leur conception purement empirique du signe, ils admiraient qu'un mot fût capable de se détacher de la figure visible à laquelle il était lié par sa « signification », pour aller se poser sur une autre, la désignant dans une ambiguïté qui est à la fois limite et ressource. Là le langage trouve l'origine d'un mouvement qui lui est intérieur : son lien à ce qu'il dit peut se métamorphoser sans que sa forme ait à changer, comme s'il tournait sur lui-même, traçant autour d'un point fixe tout un cercle de possibles (le « sens » du mot comme on disait alors), et permettant hasards, rencontres, effets, et tous les labeurs plus ou moins concertés du *jeu*. Ecoutons

Dumarsais, l'un des plus subtils de ces grammairiens :
« Il a fallu nécessairement faire servir les mêmes mots à divers usages. On a remarqué que cet expédient admirable pouvait donner au discours plus d'énergie et d'agrément ; on n'a pas manqué de le tourner en jeu, en plaisir. Ainsi par besoin et par choix, les mots sont parfois détournés de leur sens primitif, pour en prendre un nouveau qui s'en éloigne plus ou moins, mais qui cependant y a plus ou moins de rapport. Ce nouveau sens des mots s'appelle sens tropologique, et l'on appelle trope cette conversion, ce détour qui le produit [1]. » C'est de cet espace de déplacement que naissent toutes les figures de la rhétorique (le « tour » et le « détour », comme dit Dumarsais) : catachrèse, métonymie, métalepse, synecdoque, antonomase, litote, métaphore, hypallage et bien d'autres hiéroglyphes dessinés par la rotation des mots dans le volume du langage.

L'expérience de Roussel se situe dans ce qu'on pourrait appeler « l'espace tropologique » du vocabulaire. Espace qui n'est pas tout à fait celui des grammairiens, ou plutôt qui est cet espace même, mais traité autrement ; il n'est pas considéré comme le lieu de naissance des figures canoniques de la parole, mais comme un blanc ménagé dans le langage, et qui ouvre à l'intérieur même du mot son vide insidieux, désertique et piégé. Ce jeu dont la rhétorique profitait pour faire valoir ce qu'elle avait

---

1. Dumarsais : *Les Tropes* (Paris 1818 ; 2 vol.). La première édition date de 175..

à dire, Roussel le considère pour lui-même, comme une lacune à étendre le plus largement possible et à mesurer méticuleusement. Il y sent, plus que les semi-libertés de l'expression, une vacance absolue de l'être qu'il faut investir, maîtriser et combler par l'invention pure : c'est ce qu'il appelle par opposition à la réalité, la « conception » (« chez moi, l'imagination est tout ») ; il ne veut pas doubler le réel d'un autre monde, mais dans les redoublements spontanés du langage, *découvrir* un espace insoupçonné et le *recouvrir* de choses encore jamais dites.

Les figures qu'il va bâtir au-dessus de ce vide seront l'envers méthodique des « figures de style » : le style, c'est, sous la nécessité souveraine des mots employés, la possibilité, masquée et désignée à la fois, de dire la même chose, mais autrement. Tout le langage de Roussel, style renversé, cherche à dire subrepticement deux choses avec les mêmes mots. La torsion, le léger détour des mots qui d'ordinaire leur permet de « bouger » selon un mouvement tropologique et de faire jouer leur profonde liberté, Roussel en fait un cercle impitoyable qui reconduit les mots à leur point de départ par la force d'une loi contraignante. La flexion du style devient sa négation circulaire.

Mais revenons à notre série à double face — face noire et cannibale de l'Afrique, face verte du billard-cryptogramme. Posons-la deux fois, comme deux séries identiques dans leur forme (l'approximation billard-pillard, il faudra en parler plus loin ; il n'est point facile de procéder par ordre, sans anticipation ni retour, dans une œuvre si resserrée, si constante, si économe de tout et toujours référée à elle-même) mais séparées par la plus grande distance possible de signification : s'ouvre alors dans l'identité de langage une béance, un vide qu'il faut à la fois manifester et combler ; on pourrait dire aussi bien : un *blanc* à remplir de *lettres* d'une *bande* à l'autre (je n'introduis pas dans le jeu une péripétie nouvelle avec un tiers usage des mots ; je voudrais mettre au jour seulement cette « auto-implication » comme diraient les logiciens, cette identité à soi dont l'œuvre de Roussel est toujours la manifestation vibratoire). Donc « les deux phrases trouvées, il s'agissait d'écrire un conte pouvant commencer par la première et finir par la seconde. Or c'était dans la résolution de ce problème que je puisais tous mes matériaux. » Le récit débutera par le grimoire de billard et, sans interruption de sens, aboutira aux épîtres aéroportées.

Rien de plus clair : cette règle est appliquée dans les trois récits publiés entre 1900 et 1907 (*Chiquenaude, Nanon, Une page du folklore breton*), et dans dix-sept textes dont Roussel indique qu'ils sont « de grande jeunesse ».Ceux-ci n'avaient pas vu le jour avant la publication posthume de *Comment j'ai écrit certains de mes livres*. La date de leur composition n'est pas sûre ; si vraiment ils ont été écrits quand Roussel était encore fort jeune, peut-être faut-il en faire remonter l'origine bien avant *la Doublure* (écrite et publiée autour de la vingtième année) ; rédigés avant toutes les grandes œuvres et répétés au moment de la mort, ils encadreraient ainsi tout le langage de Roussel, révélant d'un coup son point de départ et son point d'arrivée, un peu comme les phrases homonymes entourent les récits dont ils sont eux-mêmes composés. Le jeu de mots jeunesse-genèse, proposé par Roussel quand il les présente dans son dernier ouvrage, indiquerait que leur publication à ce moment-là renvoie à leur structure.

Pourtant, d'après l'autobiographie, Roussel a abandonné la musique à dix-sept ans « pour ne plus faire que des vers » : à partir de ce moment « une fièvre de travail » s'empara de lui : « Je travaillai, pour ainsi dire, nuit et jour pendant de longs mois au bout desquels j'écrivis *la Doublure*. » Or tous les « textes de grande jeunesse » sont en prose : il est peu vraisemblable qu'ils aient été rédigés entre la conversion à la poésie et la rédaction (en alexandrins) de *la Doublure*. Sans doute faut-il penser plutôt que Roussel les a écrits après « l'effroyable maladie nerveuse » qui suivit l'échec de son premier ouvrage, au cours d'une période qu'il désigne par cette simple phrase : « pendant quelques années ce fut de la prospection » ; en gros, il s'agit de l'époque 1898-1900. Comme si cette crise, ou peut-être déjà *la Doublure* (avec son jeu d'acteurs dédoublés, ses têtes de carton, ses masques traversés de regards, ses dominos qui cachent ce qu'ils montrent) avait défini cette distance de la répétition et du double que vont parcourir les textes de jeunesse et après eux toute l'œuvre de Roussel. L'espace « tropologique » où le « procédé » s'enracine

serait alors apparenté au masque ; le vide qui s'ouvre
à l'intérieur d'un mot ne serait pas simplement une
propriété des signes verbaux mais une ambiguïté plus
profonde, plus dangereuse peut-être : il montrerait
que le mot comme un visage de carton bariolé cache
ce qu'il redouble et qu'il en est isolé par une mince
épaisseur de nuit. Le redoublement des mots serait
comme le redoublement du masque au-dessus du
visage : il ouvrirait sur la même éclipse de l'être. Les
récits à phrases identiques relanceraient ainsi l'expérience de *la Doublure* : ils feraient de celle-ci le point
de départ caché de toute l'œuvre : « Si je publie ces
textes de grande jeunesse, c'est pour mettre en relief
la genèse de mon œuvre. Par exemple, le récit intitulé
Parmi les Noirs est l'embryon de mon livre *Impressions d'Afrique*. Tout ce qui a été exécuté par la
suite est né par le même procédé. »

Il est curieux de voir comment dans son admirable
Règle du jeu Michel Leiris fait du même espace tropologique une expérience à la fois opposée et voisine
(le même jeu mais selon une autre règle) : dans le
glissement des mots qui contamine les choses, les
superposant en figures monstrueuses et émerveillées,
il tente de recueillir la fuyante mais inévitable vérité
de ce qui est passé. De tant de choses sans statut, de
tant d'états civils fantastiques, il recueille lentement
sa propre identité, comme si dans les plis des mots
dormait, avec des chimères jamais tout à fait mortes,
l'absolue mémoire. Ces mêmes plis, Roussel les écarte
d'un geste concerté, pour y trouver un vide irrespi-

rable, une rigoureuse absence d'être dont il pourra disposer en toute souveraineté, pour façonner des figures sans parenté ni espèce. Leiris éprouve, dans la plénitude mobile d'une vérité que rien n'épuise et où il peut nager sans repos, les étendues que les récits de Roussel parcourent au-dessus du vide, comme sur une corde raide.

Apparemment ces essais ne posent pas d'autres problèmes que celui qu'ils ont à charge de résoudre. Le soin qu'apporte Roussel à en expliquer la configuration peut même surprendre : plus de deux pages au début de *Comment j'ai écrit,* puis un rappel au milieu de l'ouvrage alors que le principe du retour de l- phrase initiale à la fin du texte, mais chargée cette fois d'un sens différent, est assez clair dans chacun de ses récits pour qu'il ne soit pas nécessaire de le répéter sur un mode didactique : la méthode est visible au ras des mots et dans la courbe la plus manifeste de l'anecdote. Mais sans doute cette règle est-elle le sommet qui émerge seul de toute une pyramide de régularités où chacun de ces contes trouve sa profonde ordonnance ; la phrase clef en ouvrant et fermant le récit fait jouer bien d'autres serrures. A ces textes simples, apportons la méticulosité dont Roussel nous a donné, à leur sujet, l'exemple.

La phrase ambiguë qui prescrit au récit son point de départ — la phrase « éponyme » — donne naissance à plusieurs cercles qui ne sont pas tout à fait identiques, mais se croisent comme pour former une étrange rosace.

Nous connaissons le cercle du langage qui doit rejoindre les mêmes mots avec un sens différent. Tout proche de lui, il y a le cercle du temps ; c'est que la phrase initiale se présente comme une énigme : « Les lettres du blanc sur les bandes du vieux billard formaient un incompréhensible assemblage. » Au moment où se déclenche le langage, le temps se bloque : statufié, le spectacle est offert, non comme un effet, mais comme un signe ; arrêt scénique où on ne sait pas ce qui s'arrête ni sur quelle scène. Si bien que cet instant de repos dresse, au seuil du langage, une figure énigmatique ; un gros plan sans mouvement qui se referme sur son sens. D'entrée de jeu, le langage fonctionne comme une signification refusée et la plage où il se déploie est masquée en son début par ces armes insolites encore silencieuses : « Les anneaux du gros serpent à sonnettes se resserraient convulsivement sur la victime au moment où je levai les yeux » ; « Les coups de la paume sur le jet de trayon blanc se révélaient habiles et réguliers » ; « La peau de la raie sur la pointe du Rayon-Vert miroitait en plein mois d'août. » A partir de cette scène-énigme (rupture du temps, ouverture d'un espace, irruption des choses devant un regard sans horizon, désarroi dans l'absence de repères et de proportions), le langage commence à tisser ses fils selon un double mouvement de retour et de recul. C'est la rapide dérive vers le passé, la courbe de la mémoire qui plonge aussi loin qu'il faut pour revenir à un présent entièrement clair : alors on est ramené au point de départ, qui est maintenant point d'arrivée ; la phrase éponyme n'a plus qu'à se répéter.

Mais au moment où le temps revient à lui-même et au langage premier, celui-ci dérape sur la différence des significations : on avait au départ un jeu de croquet dont chaque but, aux deux extrémités de l'allée, était marqué par des bâtons striés d'anneaux de couleur ; au terme, on a un chien savant qui dessine avec des crayons multicolores des traits verticaux régulièrement espacés sur la page blanche d'un bloc-notes : de toute façon c'est « la largeur du jeu entre les bâtons multicolores ». Innocente plaisanterie. Jeu dit de société. Pensum pour pensionnaire. Et pourtant entre la première phrase et la dernière phrase, quelque chose d'important s'est produit dans le statut du langage, qui reste indécis et difficile à situer. Faut-il dire que les mots, dans l'instant où le récit va revenir à son point de départ, introduisent comme un supplément ironique de zèle, se répètent eux-mêmes, et signalent avec cette sonnerie dérisoire (dérisoire, puisque avec la même note et le même timbre elle dit autre chose) qu'on est bien revenu au point de départ, qu'il est temps de se taire, puisque le propos du langage était bien de répéter le passé ? Ou faut-il dire plutôt qu'au-dessous du langage, une ruse dont il n'était pas maître (bien qu'elle fût sa propre parcimonie) a introduit, au moment de la plus naturelle répétition, cette mince distance qui fait que la même chose dit autre chose, et que finalement il vaut mieux se taire puisqu'il n'est pas possible au langage de se répéter exactement ? Ces deux possibilités se maintiennent l'une l'autre dans une interrogation ouverte ; un espace douteux s'y dessine où les mots et ce qu'ils disent tournent les uns par rapport aux autres dans un mouvement ambigu — mus par une giration lente qui empêche le retour des choses de coïncider avec le retour du langage.

Inquiétude qui n'est pas près de s'apaiser puisqu'on en retrouve l'hésitation indéfinie — mais systématiquement renversée — dans les *Nouvelles Impressions* : la série des comparaisons, des rapprochements, des distinctions, des métaphores, des analogies y fait circuler, à travers les filtres innombrables des choses et des mots, une signification unique, monotone, obstinée, la relançant par des répétitions sans fin, affirmant en quatre cent quinze vers et plus de deux cents exemples qu'il ne faut pas confondre ce qui est grand et ce qui est petit. Là le sens s'immobilise sous les ondulations sans fin du langage ; dans les textes de jeunesse au contraire, le sens échappe à lui-même entre les colonnes immobiles des mots qui du début à la fin tendent l'arc du récit. Les *Nouvelles Impressions* sont comme l'image négative de ces premiers essais.

Par rapport à l'énoncé éponyme, le contre-texte n'est pas seulement contre-sens. Mais contre-existence et négativité pure. La phrase initiale est toujours (comme « la prise sur les anneaux du serpent ») mainmise sur les objets ; les mots sont plaqués directement sur les choses, ou plutôt jaillissent d'elles, en avant même du regard, le traînant derrière soi, offrant seulement, dans un mutisme essentiel à ce qu'ils disent, cette présence sourde et insistante : « La peau verdâtre de la prune un peu mûre semblait appétissante à souhait » ; « les taches de la laine sur le gros mouton à cinq pattes ajoutaient encore au surnaturel de l'apparition. » L'antiphrase, elle, ne dit ce qu'elle a à dire qu'à travers tout un rituel précautionneux dont chaque péripétie lui impose comme une atténuation d'existence. Elle n'est plus langage au ras des choses, et prononcé par elles ; elle est proférée non sans solennité par un des personnages de l'histoire — celui en général qui la raconte : peut-être la répétition, pour s'accomplir, a-t-elle besoin d'un thaumaturge (comme le sera Martial Canterel). En passant de la phrase à la contre-phrase on est passé du spectacle à la scène, du mot-chose au mot-réplique. Effet d'autant plus sensible que la phrase répétée ne désigne plus les choses elles-mêmes mais leur reproduction : dessin, cryptogramme ou énigme, déguisement, représentation théâtrale, spectacle vu à travers une lunette, image symbolique. Le double verbal se trouve porté lui-même par une plage de répétition. Or, parlant de cette répétition exacte, — de ce double beaucoup plus fidèle que lui —, le langage répétitif a pour rôle d'en dénoncer le défaut, de mettre au jour le minuscule accroc qui l'empêche d'être la représentation exacte de ce qu'elle représente, ou encore de combler le vide d'une énigme qu'elle laisse sans solution : la contre-phrase énonce le texte ordonné et complet que figurent, enchevêtrées sur les bandes de billard, les lettres de craie blanche ; elle dit ce qui manque à ces lettres, ce qu'elles cachent et qui transparaît à travers elles — leur négatif noir et pourtant leur sens positif et clair : les lettres du blanc... Elle dit aussi, cette antiphrase, que le dessinateur n'a pas reproduit régulièrement les mailles du filet sur l'écaille de poisson ; que les gouttes, sur le parapluie de cuisinier, s'écrasent avec plus de violence qu'il n'est vraisemblable, etc. Comme si la fonction de ce langage redoublé était de se glisser dans le minuscule intervalle qui sépare une imitation de ce qu'elle imite, d'en faire surgir un accroc et de la dédoubler dans toute son épaisseur. Langage, lame mince qui fend l'identité des choses, les montre irrémédiablement doubles et séparées d'elles-mêmes jusque dans leur répétition, et cela au moment où les mots reviennent à leur identité en une royale indifférence à tout ce qui diffère.

Cette ouverture par où se glisse la répétition du langage, elle est présente dans ce langage même. Stigmate en lui de la morsure qu'il exerce sur les choses, et par quoi il les blesse. La phrase finale qui dénonce l'accroc dans la reproduction des choses, reproduit la phrase de départ à un accroc près, qui redouble dans la forme le glissement du sens : l'énigme des signes à la craie sur les bandes de *billard* est comblée par les missives de l'Européen sur les bandes de *pillard*. Et seize autres à peu près, d'une qualité qui n'est pas moins déplorable : le pépin du citron, le pépin du mitron ; le crochet et le brochet ; sonnette et sornette ; la place des boutons rouges sur les masques des beaux favoris blonds ; la place des boutons rouges sur les basques, etc.

Cette minuscule déviation morphologique (elle ne manque jamais, et il n'y en a jamais qu'une par phrase), Roussel la donne comme l'essentiel. Elle sert de principe organisateur à l'ensemble : « Je choisissais deux mots presque semblables (faisant penser aux métagrammes). Par exemple *billard* et *pillard*. Puis j'y ajoutais des mots pareils, pris dans deux sens différents et j'obtenais ainsi deux phrases identiques. » La répétition n'est cherchée et trouvée qu'à partir de cette infime différence qui induit paradoxalement l'identité ; et tout comme l'antiphrase s'est glissée dans le langage par l'ouverture d'une minuscule différence, elle-même n'a pu nouer ses mots identiques qu'à partir d'un décalage presque imperceptible. La répétition et la différence sont si bien intriquées l'une dans l'autre et s'ajustent avec tant d'exactitude qu'il n'est pas possible de dire ce qui est premier, et ce qui est dérivé ; cet enchaînement méticuleux donne à tous ces textes lisses une soudaine profondeur où leur platitude de surface apparaît nécessaire. Profondeur purement formelle qui ouvre sous le récit tout un jeu d'identités et de différences, qui se répètent comme dans des miroirs, allant sans cesse des choses aux mots, se perdant à l'horizon mais revenant toujours à elles-mêmes : identité légèrement différente des mots inducteurs ; différence qui est masquée par des mots adjacents identiques ; identité qui recouvre une différence de sens ; différence que le récit se charge d'abolir dans la continuité de son discours ; continuité qui l'amène à ces reproductions un peu inexactes dont le défaut permet à la phrase identique de se glisser ; phrase identique mais légèrement différente... Et le langage le plus simple, celui de tous les jours et de toutes les conventions — le langage rigoureusement plat, qui se donne pour rôle de répéter avec exactitude et pour tout le monde le passé et les choses, se trouve pris d'entrée de jeu dans ce dédoublement indéfini du double qui le captive par l'épaisseur virtuelle mais sans issue d'un miroir. Le retour lui-même s'enfonce dans un espace labyrinthique et vain : vain puisqu'il s'y perd ; vain encore puisque, au moment où il se retrouve, il lui est signifié que le même n'est plus le même, ni ici ; mais autre, et ailleurs, là d'où il vient. Et que le jeu peut toujours recommencer.

Le métagramme ainsi traité, c'est un peu l'usage ludique — donc désinséré, et situé aux limites — de ce qu'il y a de quotidien, d'enfoui, de silencieusement familier dans le langage ; il ramène à une surface dérisoire le jeu de la répétition toujours différente, et de la différence qui revient au même — jeu où le langage trouve l'espace qui lui est propre. Le métagramme c'est sa vérité et son masque — sa doublure dédoublée et mise à l'extérieur ; et c'est en même temps l'ouverture par laquelle il se glisse, dédouble le même et le subit, sépare le masque du visage qu'il répète.

Sans doute est-ce la raison pour laquelle, de toutes les œuvres de cette époque, *Chiquenaude* seule donna satisfaction à Roussel. Il faut essayer de résumer cet étrange récit sans trop se perdre dans l'inextricable jeu des dédoublements, des répétitions et des accrocs.

Ce soir-là, on donne une pièce de boulevard ; mais ce n'est déjà plus la première (reproduction d'une reproduction). Le spectateur qui va la raconter a composé un poème qu'un des personnages doit à plusieurs reprises réciter sur la scène. Mais l'acteur célèbre qui tenait le rôle est tombé malade : une doublure le remplace. La pièce commence donc par les « vers de la doublure dans la pièce de Forban talon rouge ». Ce Méphisto deux fois imité entre en scène et récite le poème en question : fière ballade où il se vante d'être protégé de tous les coups par un vêtement écarlate et merveilleux qu'aucune épée au monde ne peut entamer. Epris d'une belle, il se substitue un soir — nouvelle doublure — à son amant, voleur de grand chemin et bretteur incorrigible. La fée protectrice du bandit (son double malin) surprend le jeu du diable dans le reflet d'un miroir magique (qui démasque le double en le répétant) ; elle s'empare du vêtement enchanté, y coud en doublure une pièce de même couleur, mais rongée par les mites (une doublure avec accroc). Quand le bandit revenu provoque le diable en duel (confrontation avec son double joué par une doublure), n'a pas de mal à traverser de sa rapière l'étoffe autrefois invulnérable, mais dédoublée maintenant et séparée de son pouvoir par la doublure — plus exactement par « les vers de la doublure dans la pièce du fort pantalon rouge ».

En ce texte sont présentées déjà bien des figures qui peupleront les œuvres de Roussel : le théâtre raconté, les amants surpris, les substances merveilleuses, les personnages déguisés, hors de toutes proportions, en objets minuscules (le corps de ballet figure aiguilles, bobines et fil), — et puis d'une façon plus générale l'articulation de l'impossible, donné en une évidence massive, sur la plus grande méticulosité de détail. Mais il est probable que la satisfaction éprouvée par Roussel à l'endroit de ce texte tient plutôt à la merveilleuse organisation en écho qui répercute le procédé de départ (les deux phrases presque semblables qu'il s'agit de relier) à l'intérieur du texte et dans les visages qui viennent s'y loger : répétition, doublure, retour du même, accroc, imperceptible différence, dédoublement et fatale déchirure. Comme si la forme imposée au texte par la règle du jeu prenait corps dans le monde joué et dédoublé du théâtre ; comme si la configuration imposée du langage devenait l'être spontané des hommes et des choses. Le glissement des répétitions et des différences, leur constant déséquilibre, la perdition qu'éprouve en elles la solidité des mots sont en train de devenir subrepticement de merveilleuses machines à fabriquer des êtres : pouvoir ontologique de ce langage noyé.

Il y a un signe : de tous les textes de cette époque, *Chiquenaude* est le seul où le métagramme coïncide avec une dislocation de la phrase éponyme (forban talon rouge ; fort pantalon rouge) : ce qui est la formule du procédé généralisé tel que l'utilisent les *Impressions d'Afrique* et *Locus Solus*. Je serais aussi assez prêt à parier qu'à l'intérieur même du texte, il y a comme une esquisse du dédoublement des mots qui deviendra par la suite l'essentiel de la technique. Certains rapprochements singuliers comme « l'étoffefée », « la réserve » et « l'enfer », le « complet magique » sonnent en leur étrangeté comme la répétition de mots invisibles qui, chargés d'un autre sens, circuleraient sous le texte pour en commander les figures et les rencontres. *Chiquenaude* serait alors le seul texte dans l'œuvre de Roussel où le procédé est utilisé, par un redoublement unique, sous ses deux formes : retour de la phrase initiale, et rapprochement insolite de mots qui n'ont de parenté naturelle que dans une autre acception (ou sous une forme légèrement modifiée).

Roussel avec une vivacité qui surprend (il répondait à une hypothèse de Vitrac) a nié tout rapport entre *Chiquenaude* et *la Doublure*. Il y avait à cela une raison très précise : c'est que *Chiquenaude* est un texte entièrement investi déjà par le procédé ; toutes ses nervures sont par lui dessinées, et bien au-delà sans doute du principe des phrases réitérées. Et malgré tout, entre l'expérience déçue du masque telle qu'on la trouve tout au long de *la Doublure* et les jeux de la répétition où se perdent et se retrouvent indéfiniment les textes de jeunesse, il y a une parenté : le masque qui redouble le visage par une visible illusion et qui dans son énormité de cartons, avec ses accrocs, sa couleur écaillée, le trou noir des yeux, se manifeste comme un vrai et faux double, le langage qui méticuleusement le parcourt, détaille ses imperfections, se glisse dans l'espace qui le sépare du personnage qu'il double et qui est sa doublure — ne sont-ils pas déjà comme la première invention de cet espace profond, d'en dessous des choses et des mots, que traverse le langage du procédé allant du même au double et éprouvant, dans ce trajet, sa propre répétition déçue ? La « Chiquenaude », c'est le geste féerique, qui d'un coup dédouble la doublure, et ouvre au langage un espace insoupçonnable où il va se précipiter. Cette béance, comme toutes celles qu'on trouve chez Roussel, contient, entre ses parenthèses symétriques, un cercle de mots et de choses qui naît de lui-même, accomplit son mouvement dans une suffisance dont rien d'étranger ne vient troubler la pureté et la gloire close, et se retrouve dans une répétition qui — fatalité d'essence ou souverain gré — est disparition de soi.

Textes-genèse, textes ovulaires qui déjà promettent la fin où ils vont se répéter — cette fin qui est mort voulue et retour au seuil premier.

3

RIME ET RAISON

Je me rends compte que j'avance en boitant : m'appuyant pour expliquer ces premiers essais sur la forme future du procédé ; sautant par-dessus *la Doublure,* non sans regarder dans sa direction malgré la défense de Roussel (alors que j'en garde l'analyse pour la fin, quand il faudra parfaire le cercle) ; négligeant *la Vue, le Concert, la Source* qui sont contemporains de cette période de recherche (mais dont l'accès me demande un détour) ; me raccrochant à l'explication posthume, seule Bible, mais y ajoutant sans arrêt des secours que je crois trouver à portée de main, et attendant d'être saisis, dans les textes expliqués ; me doutant bien que j'abuse de toute patience, ayant commenté au total les pages 4 et 5 de *Comment j'ai écrit certains de mes livres.*

Il faudrait tâcher d'être linéaire, — ponctuel même et strict, puisque nous voici parvenus à ce seuil dont Roussel n'a pas caché la solennité : « Enfin vers trente ans j'eus l'impression d'avoir trouvé ma voie. » C'est l'époque où il écrit (peu après *Nanon* et *Une page du folklore breton,* contes cycliques), les *Impressions d'Afrique,* selon une dérivation de la technique précédente. Même voix un peu monocorde que dans les récits de jeunesse, mêmes mots exacts, tendus et mats. Et pourtant, il me semble que ce n'est plus le même langage qui parle, et que les *Impressions* sont nées sur un nouveau continent verbal. A cette terre seconde ont conduit les esquifs frêles et têtus que nous connaissons déjà, ces mots qui rôdent aux confins de l'œuvre de Roussel : « les lettres du blanc sur les bandes du vieux billard ».

Pourrait-on dire que ces signes clairs sur fond sombre, inscrits le long d'un espace de jeu familier, reproduisent en une figure imagée l'expérience du langage que Roussel a faite d'un bout à l'autre de son œuvre ? Sorte de négatif chiffré aux limites d'un domaine où le langage exerce ses possibilités calculables et ludiques ? C'est ce qui donnerait à cette phrase son rôle privilégié pour porter le trésor dont elle est, par son sens, le dessin assez clairement découpé. La reproduction en négatif est au demeurant un des thèmes familiers à Roussel : on le retrouve dans les dessins blancs et la cire nocturne du sculpteur Jerjeck ; ou encore dans le négatif du négatif dont le tissage à l'endroit, exécuté par le « métier à aubes », donne l'exemple. Signes blancs qui disent ce qu'ils ont à dire, et le refusent par leur clarté même.

« En ce qui concerne la genèse d'*Impressions d'Afrique,* elle consiste dans un rapprochement entre le mot *billard* et le mot *pillard*. Le pillard, c'est Talou ; les bandes, ce sont les hordes guerrières, le blanc, c'est Carmichaël (le mot *lettres* n'a pas été conservé). Amplifiant ensuite le procédé, je cherchais de nouveaux mots se rapportant au mot billard, toujours pour les prendre dans un sens autre que celui qui se présentait tout d'abord, et cela fournissait chaque fois une création de plus. Ainsi *queue* me fournit la robe à traîne de Talou. » Une queue porte parfois le chiffre (initiale de son propriétaire) : de là, le chiffre (numéro) marqué sur la dite traîne ; même technique pour *bandes* et pour *blanc*. « Abandonnant dès lors le domaine du mot billard, je continuai suivant la même méthode. Je choisissais un mot puis le reliais à un autre par la préposition *à* ; et ces deux mots pris dans un sens autre que le sens primitif me fournissaient une création nouvelle... Je dois dire que ce premier travail était difficile. »

On le croit volontiers. Il n'est pas aisé non plus (bien qu'à vrai dire il n'y ait pas de commune mesure) d'analyser cette méthode en détail. Non que l'explication de Roussel soit peu claire ou insuffisante : en chacun de ses mots, elle est efficace, absolument ; ce n'est pas non plus qu'il y ait quelque chose de caché (Roussel ne dit peut-être pas tout, mais ne cache rien). La difficulté tient, en ce texte comme en tous les autres, à une certaine mesure, propre à Roussel, entre la méticulosité extrême et la plus rigide des brièvetés : une certaine façon de faire passer le langage à la fois par tous les détails et par le chemin le plus court, de manière qu'éclate, comme une évidence, ce paradoxe : que la droite est en même temps le cercle le plus accompli ; et que celui-ci, en se fermant, devient soudain droit, linéaire, économe comme la lumière. Cet effet (qui n'est pas de l'ordre du style, mais appartient au rapport entre le langage et l'espace qu'il parcourt) — c'est celui-là qui a servi de principe organisateur et formel aux dix-sept textes-genèse, où toute la courbe du récit et du temps retrouvé traçait au total la droite instantanée qui va de la phrase à son antipode merveilleusement identique.

Le trésor verbal d'où sont puisées les *Impressions d'Afrique,* c'est donc : « les lettres du blanc sur les bandes du vieux billard ». Faisons, pour n'y plus revenir (mais chez Roussel on est toujours obligé de revenir) une première remarque : le mot « lettres » n'est pas utilisé ; il réapparaîtra maintes fois, et avec tous ses sens, dans le récit, comme une des figures ou des recours le plus souvent choisis (par exemple dans les épisodes de Rul, Mossem et Djizmé). — Mais il ne commande pas la construction du langage. Peut-être justement parce qu'il la désigne. Peut-être parce que toute l'architecture des scènes est prescrite de l'intérieur par des mots qu'elle cache et manifeste à la fois, tout comme les lettres sont des signes visibles — noirs sur blanc, blancs sur noir — où viennent se loger des mots qui vivent et dorment sous ces étranges dessins. Toutes les *Impressions* ne seraient que des lettres (signes et cryptogramme) écrites en négatif (en blanc), puis reportées sur les mots noirs d'un langage lisible et ordinaire. Le mot « lettres » ne ferait pas partie du jeu, parce qu'il lui serait réservé de le désigner en son entier. Et je ne peux me retenir de le déchiffrer, ce mot, dans le titre précisément : dans cette indication d'une forme négative qui appliquée sur une surface offerte au regard laisse d'elle-même son image renversée, donc droite (c'est ainsi qu'on « imprime » un tissu). Tel est le sens que je crois pouvoir lire sous le mot « Impressions » qui figure au fronton. Je reconnais bien vite que c'est là pure hypothèse : non pas que ma lecture soit subjective ; elle est là, dans le jeu autonome du mot ; mais peut-être Roussel ne l'a-t-il pas aménagée à l'avance ; il savait bien pourtant qu'on ne dispose jamais absolument du langage. Et qu'il se joue du sujet qui parle, dans ses répétitions et ses dédoublements. Mais passons à de plus grandes certitudes.

La phrase éponyme offre, entre ses deux versions, un jeu de métagramme : billard-pillard. On laisse tomber le premier des deux mots ; on utilise le second. Mais pas directement ni en lui-même (je ne crois pas que le terme pillard soit employé une seule fois dans les quatre cent cinquante-cinq pages du texte pour désigner Talou, brave homme au fond, bien qu'assez jaloux, colérique et porté au travesti) ; on ne s'en servira qu'à travers un nuage d'associations : têtes coupées, oripeaux, dépouilles, vieux conflits héréditaires de dynasties naguère anthropophages, expéditions punitives, trésors entassés, villes mises à sac. De là le premier principe : alors que les deux phrases homonymes sont dans les textes de jeunesse ce qu'il y a de plus visible, — exaltées au début et à la fin du récit comme, aux extrémités du billard, les bandes cryptographiques —, elles sont maintenant enfoncées à l'intérieur du texte, qui, au lieu d'être limité par elles, joue le rôle d'une épaisse enveloppe. A vrai dire, le degré de profondeur où elles sont enfouies n'est pas le même : ce contre-mot (pillard), s'il n'apparaît pas, est tout de même assez visiblement indiqué ; il court en filigrane à travers tous les mots réels, vite perceptible à contre-jour. Ce qui était autrefois la phrase terminale reste donc de plein droit dans les franges du regard et de l'énoncé. En revanche, la phrase éponyme tombe hors du domaine de toute apparition possible (jamais il n'y aura la moindre apparition d'un billard, ou d'un morceau de craie) ; en fait pourtant elle demeure l'organisatrice méticuleuse puisque, sans elle, il n'y aurait eu ni guerrier belliqueux, ni capture d'Européens, ni troupes de nègres, ni le blanc Carmichaël, etc. On dirait que l'organisation horizontale des récits-genèse a pivoté et qu'elle se présente ici à la verticale, comme la tête en bas : ce qu'on voyait au bout du récit, du langage et du temps, à l'extrémité de cette lorgnette formée, à partir de la phrase initiale, par l'obligation de la retrouver, c'est cela et cela seulement qu'on peut voir dans les *Impressions d'Afrique* ; comme si on lisait en enfilade toutes les phrases terminales des textes de jeunesse, mises bout à bout de manière à recouvrir les phrases premières et toute la distance qui les en sépare. De là un effet remarquable de profondeur aquatique : en ramenant le récit à la phrase simple qui le résume — les bandes du vieux pillard —, on pourrait voir apparaître, comme au fond d'un miroir d'eau, le caillou blanc de la phrase semblable mais imperceptiblement différente, dont elle n'est que l'ondulation de surface, le lisible écho, et qui de l'intérieur de son silence, puisqu'elle n'est jamais prononcée, libère la surface brillante et vibratoire des mots. Si proche, et si près d'être identique, la phrase nucléaire reste pourtant à une infinie distance, à l'autre bout du langage, où elle dort et veille à la fois, veillant sur tous les mots prononcés, dormant en son insoupçonnable réserve. Elle marque toute la distance qui s'ouvre dans l'identité du langage ; elle signifie l'abolition de cette distance. Miroitement d'un espace infranchissable et supprimé — de cet espace que traversaient les textes de jeunesse entre leurs bornes identiques.

Cette technique de la verticalité secrète ne conduirait à aucun discours si elle n'était balancée par une autre, capable de l'ouvrir à une propagation horizontale. A chacun des mots de la phrase éponyme est associé un domaine de parenté : de billard on passe à queue de billard, laquelle porte souvent, en incrustation de métal argenté (ou d'argent, ou peut-être de nacre) les initiales de celui qui l'a achetée et s'en réserve au cours du jeu l'exclusif usage ; nous arrivons donc au mot *chiffre*. Chacun de ces éléments nouveaux va être traité comme les mots-pères : utilisé sous une forme identique et avec un sens radicalement différent. Le bâton de craie fait penser au papier qui l'entoure à la base et protège les doigts de sa poussière blanche ; ce papier est collé à la craie ; d'où le mot *colle,* repris dans le sens que lui donnent les lycéens : travail supplémentaire infligé à titre de châtiment ; seul, ce deuxième sens apparaît dans le texte, le premier — dont il n'est que le doublet — restant aussi enfoui que le billard de l'absolu commencement. L'extension latérale, par voie d'association, ne se fait qu'au niveau premier (billard, craie, bâton, papier, colle) et jamais au niveau synonyme — celui où apparaissent le chef de bande ou la punition. Seul le niveau éponyme est riche, continu, fécond, susceptible d'être ensemencé ; à lui seul il tisse la grande toile d'araignée qui court sous le récit. Mais si ce domaine profond a une cohérence bien naturelle, puisqu'elle lui est garantie par l'association, le domaine second est composé d'éléments étrangers les uns aux autres, puisqu'on les a retenus pour leur seule identité formelle avec leurs doubles. Mots homonymes aux premiers, mais hétérogènes entre eux. Segments discrets, sans communication sémantique, et qui n'ont d'autres liens qu'un compliqué zigzag par quoi ils se rattachent individuellement au noyau initial : la retenue (domaine 2) renvoie à la colle (domaine 1) posée sur la craie blanche (1) qui produit le blanc Carmichaël (2) ; de celui-ci on redescend à cette blancheur profonde (1) qui rappelle les signes marqués sur les bandes (1) ; ces bandes produisent les hordes (2), d'où on plonge à nouveau vers les bordures de billard (1) — de ce billard d'où naît le sauvage guerrier (2), etc. Structure en étoile qui indique aussitôt ce que va être la tâche du récit : trouver une courbe telle qu'elle pourra passer par toutes les pointes extérieures de cette étoile — par tous les extrêmes piquants verbaux qui ont été projetés à la périphérie par l'obscure explosion, maintenant assourdie et froide, du langage premier. Il faut envelopper la châtaigne d'une nouvelle écorce.

Le jeu est maintenant de parcourir la distance produite par la dispersion d'une phrase réduite à ses synonymes, indépendamment de toute signification cohérente. Cette distance, il s'agit de la couvrir au plus vite, avec le moins de mots possible, en traçant la seule ligne qui soit nécessaire et suffisante : alors tournant sur elle-même, autour de son centre immobile, rayonnant et noir, cette roue solaire donnera au langage son mouvement régulier et le portera au jour d'un récit visible. Visible, mais non transparent puisque rien de ce qui le soutient ne sera plus déchiffrable. Et sous l'allure d'un langage qui se développe à l'air libre, selon un volume fantaisiste et régi par une imagination errante, oisive, sinueuse, ce qui parle en fait, c'est un langage esclave, mesuré au millimètre, économe de son chemin, obligé pourtant de parcourir une énorme distance parce qu'il est lié de l'intérieur à la phrase simple et silencieuse qui, au fond de lui, se tait.

D'une pointe de l'étoile à l'autre, un triangle est ouvert dont il faut tracer la base. C'est cette étendue sans doute qui est désignée par l'équivoque préposition *à*. La tâche est de lancer le langage d'un point *à* un autre, selon une trajectoire qui recouvrira, en se laissant guider par elle, mais en la masquant, l'appartenance naturelle qui lie un blanc morceau de craie *à* la colle du papier qui l'entoure, une queue de billard *à* l'initiale de son possesseur, une bande de vieux tissu *à* la reprise qui en répare l'accroc (parenté qui permet de dire : bande à reprises, queue à chiffre...). La préposition *à* se trouve donc jouer deux rôles ; ou plutôt le travail du récit consiste à ramener le *à* du trajet aussi près que possible du *à* de l'appartenance ; peu à peu le fil du langage, parti du blanc arrive à la colle et le blanc, par là même, devient « à colle » (ce qui le caractérisera parmi les autres personnages sera d'avoir reçu une « consigne »). En son labeur, la machinerie du langage parvient avec deux mots séparés par le vide à faire naître une profonde unité substantielle, plus ancrée, plus solide que toutes les similitudes de forme. Du creux qui s'ouvre à l'intérieur des mots, des êtres se façonnent, doués d'étranges propriétés : elles semblent leur appartenir du fond des temps, et s'inscrire pour toujours dans leur destin ; elles ne sont pourtant rien d'autre que le sillage d'un glissement dans les mots. Dans les textes de jeunesse, la répétition de langage s'opérait dans l'être raréfié (reproduction, et à l'intérieur de cette reproduction, énoncé d'une lacune) ; le langage maintenant n'éprouve la distance de la répétition que pour y loger le sourd appareil d'une ontologie fantastique. La dispersion des mots permet une invraisemblable jointure des êtres. Le non-être qui circule à l'intérieur du langage est plein de choses étranges : dynastie de l'improbable. Crachat à delta. Boléro à remise. Dragon à élan. Martingale à Tripoli.

Les lacunes entre les mots deviennent source d'une richesse jamais tarie. Abandonnons le domaine premier du billard, et laissons venir, dans le champ inducteur, d'autres groupes. Au hasard et comme ils se présentent, la machine du procédé les traitera de la même manière : elle glissera sa lame au milieu de leur épaisseur pour y faire surgir deux significations étrangères dans l'unité maintenue de la forme. Ces nouveaux couples éponymes ont parfois une figure naturelle (maison à espagnolettes, cercle à rayons, vestes à brandebourgs, roue à caoutchouc, tulle à pois, quinte à résolution) ; mais souvent déjà, ils forment une rencontre bien hasardeuse. Si Bédu l'ingénieur a installé sur le Tez un métier à tisser qui fonctionne comme un moulin à eau, c'est à cause d'une initiale rencontre : « Métier (profession) à aubes (aurores). J'ai pensé à un métier qui force à se lever de grand matin. » Si Naïr fit cadeau à Djizmé d'une natte décorée de « petits croquis représentant les sujets les plus variés » — un peu à la manière de culs-de-lampe — c'est à cause de l'association de « Natte (tresse qu'une femme fait avec ses cheveux) à cul (j'ai pensé à une natte très longue ». Ou encore, dans le cas où un merveilleux hasard présente à l'esprit, en une figure double, les mots *crachat* et *delta,* à quoi pense-t-on d'abord ? A une décoration portant un signe triangulaire de la même forme que la lettre grecque écrite en majuscule ? Ou à un homme lançant un jet de salive si majestueux, si abondant, si fluvial qu'il s'épanouit, comme le Rhône ou le Mékong, en un delta ? C'est à ceci que Roussel, en premier, a pensé.

Mais je ne joue pas le jeu. Mon avis sur le naturel plus ou moins grand de ces « rencontres à trésor » n'a pas d'importance. Nous cherchons les formes pures. Ce qui compte c'est, dans les interstices du langage, la part souveraine de l'aléatoire, la manière dont elle est esquivée là où elle règne, mais exaltée au lieu de son obscure défaite.

En apparence le hasard triomphe à la surface du récit, dans ces figures qui surgissent naturellement du fond de leur impossibilité — dans les cirons chanteurs, dans l'homme-tronc qui est un homme-orchestre, dans le coq qui écrit son nom en crachant du sang, dans les méduses de Fogar, ombrelles gloutonnes. Mais ces monstruosités sans espèces ni familles sont des rencontres obligées, elles obéissent, mathématiquement, à la loi des synonymes et au principe de la plus juste économie ; elles sont inévitables. Et si on ne le sait pas, c'est qu'elles figurent sur la face extérieure et illusoire d'une nécessité sombre. Mais à l'entrée du labyrinthe (entrée qu'on ne voit pas parce qu'elle se trouve paradoxalement au centre) un hasard véritable se précipite sans arrêt. Des mots venus de n'importe où, des mots sans feu ni lieu, des lambeaux de phrases, de vieux collages de la langue toute faite, des liaisons récentes — tout un langage qui n'a pour sens que d'être soumis à sa propre loterie et d'être accordé par son propre sort, est offert aveuglément à la grande décoration du procédé. Au départ, il y a ces lots, dont aucun instrument, aucune ruse ne prévoit la sortie ; puis le merveilleux mécanisme s'en empare, les transforme, double leur improbabilité par le jeu des synonymes, trace entre eux un chemin « naturel », et les livre enfin dans une nécessité méticuleuse. Le lecteur pense reconnaître les errements sans chemins de l'imagination là où il n'y a que les hasards de langage traités méthodiquement.

Je crois y voir non pas tellement une écriture automatique, mais la plus éveillée de toutes : celle qui a maîtrisé elle-même tous les jeux imperceptibles et fragmentaires de l'aléatoire ; qui a comblé tous les interstices par où il aurait pu insidieusement se glisser ; qui a supprimé les lacunes, effacé les détours, exorcisé le non-être qui circule quand on parle ; organisé un espace plein, solidaire, massif, où les mots ne sont menacés par rien tant qu'ils demeurent sous l'obédience de leur Principe ; dressé un monde verbal dont les éléments debout et serrés les uns contre les autres conjurent l'imprévu ; statufié un langage qui refusant le rêve, le sommeil, la surprise, *l'événement* en général, peut jeter au temps un essentiel défi. Mais ceci, en repoussant d'un bloc tout le hasard à l'origine de ce qui parle, sur la ligne encore silencieuse où se dessine la possibilité du langage. Ce qui est essentiel dans l'aléatoire ne parle pas à travers les mots et ne se laisse pas entrevoir à leur sinuosité ; il est l'irruption du langage, sa présence soudaine : cette réserve d'où surgissent les mots — cet absolu recul du langage par rapport à lui-même et qui fait qu'il parle. Il n'est pas une nuit sillonnée de lumière, un sommeil éclairé, ou une veille assoupie. Il est l'irréductible frontière de l'éveil ; il indique qu'au moment de parler les mots sont déjà là, mais qu'avant de parler, il n'y a rien. En deçà de l'éveil, il n'y a pas de veille. Mais dès que le jour point, la nuit gît devant nous, explosée déjà en cailloux têtus, dont il nous faudra bien faire notre journée.

Dans le langage, le seul *aléa* sérieux, ce n'est pas celui des rencontres internes, c'est celui de l'origine. Evénement pur qui est à la fois dans le langage et hors de lui puisqu'il en forme la limite initiale. Ce qui le manifeste ce n'est pas que le langage soit ce qu'il est, mais qu'il y ait du langage. Et le Procédé consiste justement à purifier le discours de tous ces faux hasards de « l'inspiration », de la fantaisie, de la plume qui court, pour le placer devant l'évidence insupportable que le langage nous arrive du fond d'une nuit parfaitement claire et impossible à maîtriser. Suppression de la chance littéraire, de ses biais et de ses traverses, pour qu'apparaisse la ligne droite d'un plus providentiel hasard : celui qui coïncide avec l'émergence du langage. L'œuvre de Roussel — et c'est une des raisons pour lesquelles elle naît à contre-courant de la littérature — est une tentative pour organiser, selon le discours le moins aléatoire, le plus inévitable des hasards.

Tentative dont les victoires sont nombreuses. La plus éclatante, il faut bien la citer puisqu'elle est devenue, par la grâce des citations, le seul passage classique de Roussel. Voici le problème : « 1° Baleine (mammifère marin) à *îlot* (petite île) ; 2° *baleine* (lamelle) à ilote (esclave spartiate) ; 1° *duel* (combat à deux) à *accolade* (deux adversaires se réconciliant après le duel et se donnant l'accolade sur le terrain) ; 2° *duel* (temps de verbe grec) à *accolade* (signe typographique) ; 1° *mou* (individu veule) à *raille* (ici je pensai à un collégien peureux que ses camarades raillent pour son incapacité) ; 2° *mou* (substance culinaire) à rail (rail de chemin de fer). » Et voici la solution : « La statue était noire et semblait, au premier coup d'œil, faite d'un seul bloc ; mais le regard peu à peu découvrait une foule de rainures tracées en tous sens, et formant généralement de nombreux groupes parallèles. L'œuvre en réalité se trouvait composée uniquement d'innombrables baleines de corset coupées et fléchies suivant les besoins du modelage. Des clous à tête plate dont la pointe devait sans doute se recourber intérieurement soudaient entre elles ces souples lamelles qui se juxtaposaient avec art sans jamais laisser place au moindre interstice... Les pieds de la statue reposaient sur un véhicule très simple, dont la plate-forme basse et les quatre roues étaient fabriquées avec d'autres baleines noires ingénieusement combinées. Deux rails étroits, faits d'une substance crue, rougeâtre et gélatineuse qui n'était autre que du mou de veau, s'alignaient sur une surface de bois noirci et donnaient par leur modelé, sinon par leur couleur, l'illusion exacte d'une portion de voie ferrée ; c'est sur eux que s'adaptaient, sans les écraser, les quatre roues immobiles. Le plancher carrossable formait la partie supérieure d'un piédestal en bas, complètement noir, dont la face principale montrait une inscription blanche conçue sur ces travées : « La mort de l'ilote Saribskis. » En dessous, toujours en caractère neigeux, on voyait cette figure moitié grecque, moitié française, accompagnée d'une fine accolade : Duel. »

Tant il est facile et tant il est difficile, sans autre coup de dés que celui du langage, d'abolir un hasard aussi fondamental.

Ilote se superpose à îlots ; ou encore, par simple distorsion phonétique, on peut construire tout un château féodal, ses créneaux et son donjon, avec des sous empilés (tours en billon) : il sera bâti à partir d'un tourbillon. « Je fus conduit à prendre une phrase quelconque, dont je tirais des images en la disloquant, un peu comme s'il se fût agi d'en extraire des dessins de rébus. » Par exemple : « J'ai du bon tabac dans ma tabatière » donne « jade, tube, onde, aubade en mat (objet mat) à tierce. » Le sapeur Camember, lui, pour

« invraisemblable », disait « un nain vert sans barbe ».

« Le procédé évolua », dit Roussel pour désigner cette nouvelle technique, comme s'il se fût agi, indépendamment de lui, d'un de ces mouvements à la fois imprévus, automatiques, spontanément inventifs que, devant La Billaudière, avec lui et sans lui, accomplissait son bretteur de métal : « Tout à coup le bras mécanique, effectuant plusieurs feintes savantes et rapides, s'allongea brusquement pour porter un coup droit à Balbet, qui malgré son habileté universellement connue, n'avait pu parer cette botte infaillible et merveilleuse. » Tel est ce nouvel épisode du procédé : une pointe lancée en profondeur et qui frappe contre toute attente le loyal adversaire — c'est-à-dire le lecteur, ou le langage, ou encore Roussel lui-même, posté ainsi de part et d'autre, derrière le mécanisme pour le déclencher, et devant lui pour essayer en vain de parer ses coups sans réplique, sa lame inattendue et fatale qui par une admirable rencontre trouve l'ouverture, touche son objet et souverainement le traverse.

C'est que la part de nouveauté, en cette « évolution » d'apparence naturelle, est immense. La déflagration est singulièrement plus forte que celle dont la violence mesurée tout à l'heure dissociait de leur première signification « le blanc à retenue » ou « la quinte à résolution ». Alors, il s'agissait de décoller l'un de l'autre les deux versants d'une même surface verbale ; il faut maintenant, en pleine masse physique du mot, à l'intérieur de ce qui le rend matériellement épais, faire jaillir des éléments d'identité, comme autant de minuscules paillettes qui seraient replongées aussitôt dans un autre bloc verbal, bloc dont les dimensions sont infiniment plus grandes puisqu'il s'agit d'envelopper le volume couvert par l'explosion secrète des mots. Comme une fusée du feu d'artifice transporté en Argentine par l'habile Luxo pour les folles noces d'un baron millionnaire, « J'ai du bon tabac » ouvre, en s'incendiant, tout un ciel nocturne, asiatique et merveilleux : « L'image diaphane évoquait un site d'Orient. Sous un ciel pur s'étalait un splendide jardin rempli de fleurs séduisantes. Au centre d'un bassin de marbre, un jet d'eau sortant d'un tube en jade dessinait gracieusement sa courbe élancée... Sous la fenêtre non loin du bassin de marbre se tenait un jeune homme à chevelure bouclée... Levant vers le couple sa face de poète inspiré, il chantait quelque élégie de sa façon, en se servant d'un porte-voix en métal mat et argenté. » Jade, tube, onde, aubade, en mat...

Le champ aléatoire a perdu toute commune mesure avec celui que nous connaissons. Tout à l'heure le nombre des variations possibles était celui des rubriques offertes pour un même mot pour le dictionnaire ou l'usage : il était donc toujours possible en droit de retrouver les couples inducteurs. Le secret que Roussel a laissé peser sur eux n'est qu'un fait, on peut le contourner (par exemple, l'épisode de l'adjudant punissant de quelques jours d'arrêts le joli zouave dont il est le rival s'est glissé sans aucun doute par les fentes d'une « jalousie à crans »). Maintenant la phrase éponyme est inconnue sans retour ; il faudrait pour la retrouver croiser trop d'embranchements, hésiter à trop de carrefours : elle est pulvérisée. Là-bas gisent des mots absolument perdus, des mots dont la poussière, mêlée à celle d'autres mots, danse devant nous au soleil. Qu'on sache seulement qu'il peut s'agir de quelques vers de Victor Hugo (« Eut reçu pour hochet la couronne de Rome » explose en Ursule, brochet, lac; Huronne, drome), de l'adresse d'un cordonnier (Hellstern, 5 place Vendôme, qui se volatilise pour donner : hélice, tourne, zinc, plat, se rend, dôme), de la légende d'un dessin de Caran d'Ache, du titre d'une nouvelle de Barbey, des lettres de feu qui brillent au fond du palais de Nabuchodonosor (d'où l'épisode de Fogar allumant un *phare* à l'aide d'une *manette* qu'il a cachée sous son *aisselle*). Roussel lui-même a perdu la plupart des autres clefs et, sauf par coup de chance, on ne peut retrouver ce langage premier dont les fragments phonétiques brillent, sans que nous sachions où, à la surface des féeries qui nous sont offertes. C'est que les formes de dispersion qu'autorise une phrase comme « J'ai du bon tabac » sont infiniment nombreuses ; à chaque syllabe il y a des voies possibles : geai, tue, péan, ta bacchante ; ou encore : jette, Ubu, honte à bas ; ou encore : j'aide une bonne abaque... Il est bien facile de voir que toutes ces solutions sont en défaut de richesse à côté de celle privilégiée par Roussel ; et que pour aller du clair de lune familier aux nuits de Bagdad il a fallu un certain calcul de hasard et sans doute un cheminement aménagé parmi tant d'étoiles possibles. L'énormité des risques offerts et maîtrisés fait penser à la machine du second chapitre de *Locus Solus* : un léger instrument à enfoncer des pavés minuscules fabrique une mosaïque avec des dents humaines obtenues par un arrachage indolore et expéditif ; un mécanisme complexe lui permet de voler du tas d'incisives polychromes jusqu'au dessin, en choisissant celle qu'il faut pour la mettre à la place qui lui convient. C'est que l'inventeur a trouvé le moyen de calculer à l'avance et dans le plus petit détail la force et la direction de chaque souffle d'air. Ainsi les syllabes multicolores arrachées par Roussel à la bouche des hommes, un mécanisme merveilleux les dispose en prenant appui sur les plus incertains, sur les plus hasardeux des mouvements. On sait tout de la machine de Canterel, sauf comment il a calculé les vents. On connaît aussi bien le procédé de Roussel : mais pourquoi cette direction, comment ce choix, quel courant ou quel souffle mène la syllabe dénouée au langage qui la renoue ? Roussel dit non sans sagesse : « De même qu'avec des rimes, on peut faire de bons ou de mauvais vers, on peut avec ce procédé, faire de bons ou de mauvais ouvrages. »

Voici le hasard initial relancé à l'intérieur de l'œuvre non pas comme chance de trouvailles, mais comme possibilité innombrable de détruire et de reconstruire les mots tels qu'ils sont donnés. L'aléa n'est pas le jeu d'éléments positifs, il est l'ouverture infinie, et à chaque instant renouvelée, de l'anéantissement. En ce hasard multiplié, maintenu et retourné en destruction incessante, la naissance et la mort du langage communiquent, et font naître ces figures immobiles, répétitives, à moitié mortes et à moitié vivantes, hommes et choses à la fois, qui apparaissent sur la scène d'Ejur ou dans les loges à résurrection de Martial Canterel.

Ramené à cette destruction de soi qui est aussi bien son hasard de naissance, le langage aléatoire et nécessaire de Roussel dessine une figure étrange : comme tout langage littéraire il est destruction violente du ressassement quotidien, mais il se maintient indéfiniment dans le geste hiératique de ce meurtre ; comme le langage quotidien, il répète sans trêve, mais cette répétition n'a pas pour sens de recueillir et de continuer ; elle garde ce qu'elle répète dans l'abolition d'un silence qui projette un écho nécessairement inaudible. Le langage de Roussel s'ouvre d'entrée de jeu au déjà dit qu'il accueille sous la forme la plus déréglée du hasard : non pas pour dire mieux ce qui s'y trouve dit mais pour en soumettre la forme au second aléa d'une destruction explosive et, de ces morceaux épars, inertes, informes, faire naître en les laissant en place la plus inouïe des significations. Loin d'être un langage qui cherche à commencer, il est la figure seconde de mots déjà parlés : c'est le langage de toujours travaillé par la destruction et la mort. C'est pourquoi son refus d'être original lui est essentiel. Il ne cherche pas à trouver, mais, par-delà la mort, à retrouver ce langage même qu'il vient de massacrer, à le retrouver identique et entier. De nature, il est répétitif. Parlant, pour la première fois, d'objets jamais vus, de machines jamais conçues, de plantes monstrueuses, d'infirmes dont Goya n'aurait pas rêvé, de méduses crucifiées, d'adolescents au sang glauque, ce langage cache soigneusement qu'il ne dit que ce qui a été dit. Ou plutôt, il l'a révélé au dernier moment dans la déclaration posthume, ouvrant ainsi par la mort volontaire une dimension intérieure au langage qui est celle de la mise à mort du langage par lui-même, et de sa résurrection à partir des splendeurs pulvérisées de son cadavre. C'est ce vide soudain de la mort dans le langage de toujours, et aussitôt la naissance d'étoiles, qui définissent la distance de la poésie.

« Essentiellement un procédé poétique », dit Roussel. Mais il avait auparavant, selon une réticence propitiatoire qui semble avoir donné son rythme à toutes ses manières, justifié et diminué à la fois la portée de sa déclaration en expliquant que « le procédé, en somme, est parent de la rime. Dans les deux cas, il y a création imprévue due à des combinaisons phoniques. » Si on prête à « rime » son sens le plus large, si on entend par ce mot toute forme de répétition dans le langage, c'est bien entre des rimes que toute la recherche de Roussel prend son volume : depuis la grande rime ludique qui encadrait à la manière d'un refrain les textes de jeunesse, jusqu'aux vocables appariés du Procédé (I) qui formaient l'écho paradoxalement sonore de mots jamais énoncés, jusqu'aux syllabes-paillettes du Procédé (II) indiquant dans le texte, mais *pour personne*, le dernier éclat d'une déflagration muette où est mort ce langage qui toujours parle. En cette forme dernière qui commande les quatre textes centraux de l'œuvre de Roussel [1], la rime (atténuée jusqu'à une vague et souvent bien approximative résonance) ne fait que porter la trace d'une répétition bien plus forte, bien plus chargée de sens et de possibilité, bien plus lourde de poésie : la répétition du langage avec lui-même qui par-delà le grand appareil méticuleux qui l'abolit, se retrouve tel quel, formé des mêmes matériaux, des mêmes phonèmes, de mots et de phrases qui s'équivalent. De la prose d'un langage rencontré au hasard à cette autre prose jamais dite encore, il y a une profonde répétition : non celle latérale des choses qu'on redit ; mais celle, radicale, qui est passée par-dessus du non-langage et qui doit à ce vide franchi d'être poésie, même si elle est, à la surface du style, la plus plate des proses. Plate, la poétique Afrique de Roussel (« Malgré le déclin du soleil, la chaleur restait accablante dans cette région de l'Afrique voisine de l'Equateur, et chacun de nous se sentait lourdement incommodé par l'orageuse température, que ne modifiait aucune brise. ») ; plate, la merveilleuse retraite de Canterel

1. Impressions d'Afrique, Locus Solus, l'Étoile au Front, la Poussière de Soleils.

(« il est suffisamment à l'abri des agitations de Paris — et peut cependant gagner la capitale en un quart d'heure, quand ses recherches nécessitent quelque station dans telle bibliothèque spéciale ou quand arrive l'instant de faire au monde scientifique, dans une conférence prodigieusement courue, telle communication sensationnelle »). Mais c'est que ce plat langage, mince répétition du plus usé des langages, repose à plat sur l'immense appareil de mort et de résurrection qui tout à la fois l'en sépare et l'y rattache. Il est poétique en sa racine, par le procédé de sa naissance, par cette gigantesque machinerie qui marque le point d'indifférence entre l'origine et l'abolition, le matin et la mort.

4

AUBES, MINE, CRISTAL

Troisième figure du gala des Incomparables, Bob Boucharessas, âgé de quatre ans, porte au front l'étoile de l'imitation : « Avec une maîtrise inouïe et un talent d'une miraculeuse précocité, le charmant bambin commença une série d'imitations accompagnées de gestes éloquents ; bruits divers d'un train qui s'ébranle, cris de tous les animaux domestiques, grincement de la scie sur une pierre de taille, saut brusque d'un bouchon de champagne, glouglou d'un liquide versé, fanfares d'un cor de chasse, solo de violon, chant plaintif du violoncelle formaient un répertoire étourdissant pouvant donner à qui fermait un moment les yeux l'illusion complète de la réalité. » Cette figure de l'imitation (du dédoublement des choses, et du retour à l'identique par le geste et dans le moment même qui les dédoublent) commande à peu près toutes les prouesses des Incomparables (qui sont tels par la comparaison toujours flatteuse que leurs exploits permettent avec la réalité, en donnant de celle-ci une reproduction unique en sa perfection), et toutes les scènes du Lieu Solitaire (unique, sans doute, à cause de tous les doubles qui fleurissent au détour de ses allées). Ces dédoublantes merveilles peuvent avoir plusieurs formes : l'homme — ou l'être vivant — qui, décollant de lui-même, s'identifie aux choses pour en détacher la visible réalité et s'en travestir (Bob Boucharessas, ou dans le diamant liquide de Canterel, la danseuse devenue harpe aquatique) ; les choses — ou les animaux — qui glissent hors de leur règne et rejoignent par une obéissance à des lois secrètes le geste humain dans ce qu'il a de plus étranger à toute règle, ou peut-être de plus conforme aux plus complexes de ses lois (les chats de Marius Boucharessas qui jouent aux barres, le coq Mopsus qui écrit en crachant son sang, l'invincible bretteur de métal) ; les figures qui imitent des reproductions, prélevant sur celles-ci ce qu'elles imitent pour le restituer à un degré d'être difficilement assignable : élevé, puisqu'il s'agit d'un dédoublement redoublé, mais simple puisque cette imitation dédoublée est reconduite à une réalité de premier niveau (la hie volante traduit en dents humaines une vieille légende longtemps transmise de bouche en bouche ; les hippocampes, attelés à leur boule de sauterne figée, dessinent la vieille allégorie du Soleil Levant) ; les scènes qui imitent les dédoublements du théâtre, se logeant en eux pour les distendre jusqu'aux limites de l'irréalité (un épisode fictif double le dernier acte de Roméo par des images sculptées dans des volutes de fumée multicolore), ou pour les ramener à la vérité simple de l'acteur qui en est l'agent double (l'obèse ballerine réduite à sa vérité de vieille toupie par le coup de fouet qui la terrasse ; ou, ce qui constitue la figure inverse, l'acteur Lauze rendu à une vie apparente, par l'artifice de Canterel, mais seulement pour une scène où il atteignait sa perfection d'acteur) ; enfin — dernière et cinquième figure — l'imitation indéfinie qui se reproduit elle-même, formant une ligne monotone qui triomphe du temps (c'est la double découverte par Canterel de la résurrectine et du vitalium qui permettent de peupler la mort d'une réédition sans fin de la vie ; c'est aussi l'arbre de Fogar : les molécules dont sont formées ses palmes légères, brillantes, vibratiles sont à ce point sensibles, que leur ordre et leur couleur reproduisent exactement l'espace qu'elles recouvrent ; elles peuvent ainsi enregistrer les images d'un livre — répétition lui-même de légendes longtemps répétées — et les reproduire sans fin, projetant même sur le sol, tant le dessin est net et les couleurs fraîches, le reflet de ce reflet...).

Tout est second dans ces uniques prouesses, tout est répétition dans ces exploits qui ne se comparent pas. C'est que tout a toujours déjà commencé ; l'inouï a déjà été entendu et du fond du langage les mots ont parlé au-delà de toute mémoire. La merveille c'est que le recommencement naisse de l'unique, le restitue exactement semblable à lui-même, mais double désormais sans réduction possible. Au fond des machines et des scènes, il y avait déjà leur résultat, comme au fond du procédé se cachaient les mots qu'il était chargé de ramener à la surface.

Etonnantes machines à répétition qui cachent à vrai dire plus qu'elles ne le montrent ce qu'elles ont à reproduire. Que signifie, dès la première allée de *Locus Solus,* la silhouette noire de cet enfant de terre qui tend les deux bras dans un geste d'offrande énigmatique et dont le socle indique de péremptoire façon qu'il s'agit du « Fédéral à semen-contra » ? Et que veut dire, près de lui, ce haut-relief, représentant « un borgne en vêtements roses qui... désignait à plusieurs curieux un bloc moyen de veineux marbre vert, dont la face supérieure, où s'enchâssait à demi un lingot d'or, portait le mot *Ego* très légèrement gravé avec paraphe et date » ? Quel trésor est donc, ici et là, désigné silencieusement, mais retiré au moment d'être offert ? Toutes ces scènes sont comme des spectacles, puisqu'elles montrent qu'elles montrent, mais non pas ce qui en elles est montré. Visibilité rayonnante où rien n'est visible. Tel est aussi le diamant d'eau miroitante que Canterel a dressé au bout de son esplanade, dans un éclat solaire qui attire le regard mais l'éblouit trop pour lui permettre de voir : « Haut de deux mètres et large de trois, le monstrueux joyau, arrondi en forme d'ellipse, jetait sous les rayons de plein soleil des feux presque insoutenables, qui le paraient d'éclairs dirigés en tous sens. »

Roussel propose donc, après l'exposition synchronique des merveilles, l'histoire secrète que leur jeu représente. D'où une « seconde navigation » autour des objets, scènes et machines, qui ne sont plus traités comme un jeu merveilleux de l'espace, mais comme un récit écrasé en une figure unique, fixe (ou de peu de portée temporelle) et indéfiniment répétable : langage de niveau 2 qui est chargé de restituer aux signes le signifié, au simultané la succession qu'il fige, à l'itération l'événement unique qu'elle répète. Cette seconde navigation est périple autour du continent pris en son entier (dans les *Impressions d'Afrique*), ou cabotage autour de chaque figure (dans *Locus Solus*). Chaque élément des scènes, en ce temps retrouvé, se trouve répété à sa place et avec son sens ; on apprend, par exemple, que le nain borgne du haut-relief est un bouffon de cour auquel son roi, en mourant, a confié un secret qui remonte haut dans l'histoire de la dynastie et qui en fonde la puissance sur un bloc d'or pur et symbolique. Le récit revient au moment initial qui l'avait déclenché, récupère l'image qui se dressait au départ comme un blason muet, et dit ce qu'elle voulait dire. L'ensemble figure-et-récit fonctionne comme autrefois les textes-genèse : les machines ou les mises en scène occupent l'emplacement des phrases isomorphes dont les images étranges forment un vide où se précipite le langage ; et celui-ci, à travers une épaisseur de temps parfois immense, y ramène avec un soin méticuleux, formant le *temps parlé* de ces formes sans mots. Ce temps et ce langage répètent la figure éponyme puisqu'ils l'expliquent, la ramènent à son événement premier, et la reconduisent à son actuelle stature. Mais on peut dire aussi bien (et ceci ne se trouvait pas dans les textes-genèse) que la machine répète le contenu du récit, qu'elle le projette en avant, hors temps et hors langage, selon un système de traduction qui triomphe de la durée comme des mots. Le système est donc réversible : le récit répète la machine qui répète le récit.

Quant au glissement de sens (fondamental mais apparent, dans les phrases isomorphes) il est caché maintenant à l'intérieur des machines dont la configuration est commandée en secret par une série de mots éponymes, qu'elles répètent selon les lois du Procédé. Les machines de Roussel sont donc fourchues et doublement merveilleuses : elles répètent en un langage parlé, cohérent, un autre qui est muet, éclaté, et détruit ; elles répètent aussi, en images sans mot et immobiles, une histoire avec son long récit : système orthogonal de répétitions. Elles sont situées exactement à l'articulation du langage — point mort et vivant : elles sont le langage qui naît du langage aboli (poésie, par conséquent) ; elles sont les figures qui se forment dans le langage avant le discours et les mots (poésie également). Au-delà et en deçà de ce qui parle, elles sont le langage rimant avec lui-même : répétant ce qui du passé vit encore dans les mots (en le tuant par la figure simultanée qu'elle forme), répétant tout ce qui est silencieux, mort, secret, dans ce qui est dit (et le faisant vivre en une visible image). Rime qui se fait écho autour du moment ambigu où le langage est à la fois mort et meurtrier, résurrection et abolition de soi-même ; là, le langage vit d'une mort qui se maintient dans la vie, et sa vie même se prolonge dans la mort. Il est, en ce point, la répétition — reflet où la mort et la vie renvoient l'une à l'autre et se mettent ensemble en question. Roussel a inventé des machines à langage qui n'ont sans doute, en dehors du procédé, aucun autre secret que le visible et profond rapport que tout langage entretient, dénoué, reprend et indéfiniment répète avec la mort.

Confirmation en est donnée, et d'une façon bien aisément déchiffrable, dans la figure centrale de *Locus Solus* ; Canterel y explique un procédé, où on ne saurait manquer de reconnaître, non pas *le* procédé, mais le rapport de celui-ci à l'ensemble du langage de Roussel : le procédé du procédé. « S'essayant longuement sur des cadavres soumis à temps au froid voulu, le maître, après maints tâtonnements, finit par composer d'une part du *vitalium,* d'autre part de la *résurrectine,* matière rougeâtre à base d'érythrite qui, injectée liquide dans le crâne de tel sujet défunt, par une ouverture percée latéralement, se solidifiait d'elle-même autour du cerveau étreint de tous côtés. Il suffisait alors de mettre un point de l'enveloppe intérieure ainsi créée en contact avec du vitalium, métal brun facile à introduire sous la forme d'une tige courte dans l'orifice d'injection, pour que les deux nouveaux corps, inactifs l'un sans l'autre, dégageassent à l'instant une électricité puissante, qui pénétrant le cerveau triomphait de la rigidité cadavérique et douait le sujet d'une impressionnante vie factice. » Je reviendrai plus loin sur l'efficacité ressuscitante de ces produits. Pour l'instant, je ferai seulement une remarque : la recette de Canterel comporte *deux* produits, qui l'un sans l'autre resteraient sans action. Le premier, couleur de sang, reste intérieur au cadavre, dont il enveloppe d'une dure écorce la pulpe friable. Rigide, il a la raideur de la chose morte ; mais il la préserve et la maintient dans cette mort qu'il double pour d'éventuelles répétitions ; il n'est pas la vie retrouvée mais la mort enveloppée comme mort. Quant à l'autre, il vient de l'extérieur et il apporte à la secrète coquille la vivacité de l'instant : avec lui, le mouvement commence, et le passé revient ; il dégèle la mort dans le temps et répète le temps dans la mort. Glissée entre la peau et le corps, comme une cire imperceptible, un vide solide, la *résurrectine* a la même fonction qu'entre le langage de surface et les mots éponymes, la répétition, les rimes, les assonances, les métagrammes ; c'est l'invisible profondeur du langage de Roussel qui, à la verticale, communique avec sa propre *destruction maintenue*. La tige horizontale du *vitalium,* porteuse de temps, fonctionne comme le langage de second niveau : c'est le discours linéaire de l'événement qui se répète, la lente parole courbe du retour. Comme si Roussel, avant sa mort et dans une œuvre où justement le procédé était utilisé, l'avait par avance ressuscité grâce à toutes ces figures de morts vivants, ou plus exactement grâce à tous ces corps flottant dans un espace neutre où le temps se fait écho autour de la mort, comme le langage autour de sa destruction.

En leur fonctionnement fondamental les machines de Roussel font passer toute parole par le moment absolu de l'abolition, pour retrouver le langage dédoublé de lui-même — et pourtant semblable à soi — dans une imitation si parfaite que seule entre elle et son modèle a pu se glisser la mince lame noire de la mort. De là l'essence imitative (théâtrale dans son épaisseur même et pas seulement dans sa présentation) de tous les « prestiges » qui sont montrés sur la place d'Ejur ou dans le jardin du Solitaire : la virtuosité du petit Bob Boucharessas est hantée par le même mortel dédoublement que les scènes présentées dans les chambres froides de Canterel ; ici et là, la vie se répète par-delà sa limite. L'enfant imitait des choses mortes ; le mort traité par Canterel imite sa vie : il reproduit, « avec une stricte exactitude, les moindres mouvements accomplis par lui durant telles minutes marquantes de son existence... Et l'illusion de la vie était absolue : mobilité du regard, jeu continuel des poumons, paroles, agissements divers, marche, rien n'y manquait. »

Ainsi les effets de double ne cessent de se multiplier : les mots éponymes répétés deux fois (une première fois dans la scène de la machine, de la prouesse, — une seconde fois dans son explication ou son commentaire historique) ; les machineries répétées dans le second discours, selon la succession de temps ; ce récit lui-même répété en retour par la machinerie qui, en le rendant à nouveau actuel, redouble le passé (et souvent en une série indéfinie) et dédouble le présent par l'imitation exacte qu'il donne de la vie : système proliférant de rimes, où les syllabes ne sont pas seules à se répéter, mais aussi les mots, le langage entier, les choses, la mémoire, le passé, les légendes, la vie — tous séparés et rapprochés d'eux-mêmes par la fente de la mort. Il faut écouter ce que dit Roussel : « Le procédé, en somme, est parent de la rime. Dans les deux cas, il y a création imprévue due à des combinaisons phoniques. C'est essentiellement un procédé poétique. » Poésie, partage absolu du langage, qui le restitue identique à lui-même mais de l'autre côté de la mort ; rimes des choses et du temps. De l'écho fidèle naît la pure invention du chant.

C'est ce que démontrent, dans la plaine d'Ejur, Stéphane Alcott et ses six fils. Six fils, tous d'une maigreur squelettique, qui viennent se disposer, selon une virtuelle architecture sonore, à des distances calculées ; en creusant poitrine et ventre, chacun forme comme la cavité d'une parenthèse : « Mettant ses mains en porte-voix, le père, avec un timbre grave et sonore, cria son propre nom dans la direction de l'aîné. Aussitôt à intervalles inégaux, les quatre syllabes : Stéphane Alcott, furent répétées successivement en six points de l'énorme zigzag, sans que les lèvres des figurants eussent bougé d'aucune manière. »

Puis, passant de la parole au chant, Stéphane lança de fortes notes de baryton, qui résonnant à souhait aux différents coudes de la ligne furent suivies de vocalises, de trilles, de fragments d'air — et de joyeux refrains populaires débités par bribes. » (On croirait entendre ces bribes de paroles toutes faites que le procédé de Roussel s'est chargé de répéter en écho dans l'épaisseur de son langage.) Et par le merveilleux pouvoir de répétition caché dans les mots, le corps des hommes se transforme en sonores cathédrales.

Sans doute, l'écho le plus éclatant est-il aussi celui qu'on entend le moins. L'imitation la plus visible, ce qui échappe le plus facilement au regard.

Tous les appareils de Roussel — machineries, figures de théâtre, reconstitutions historiques, acrobaties, tours de prestidigitation, dressages, artifices — sont d'une façon plus ou moins claire, avec plus ou moins de densité, non seulement une répétition de syllabes cachées, non seulement la figuration d'une histoire à découvrir, mais une image du procédé lui-même. Image invisiblement visible, perceptible mais non déchiffrable, donnée en un éclair et sans lecture possible, présente dans un rayonnement qui repousse le regard. Il est clair que *les machines de Roussel sont identifiables au procédé,* et pourtant cette clarté ne parle pas d'elle-même ; seule, elle n'a à offrir au regard que le mutisme d'une page blanche. Pour qu'en ce vide apparaissent les signes du procédé, il a fallu le texte posthume, qui n'ajoute pas une explication aux figures visibles, mais qui donne à voir ce qui en elles déjà rayonnait, traversant souverainement la perception, et la rendant aveugle. Le texte d'après la mort (qui par instants a l'air d'être l'effet d'une attente déçue, et comme d'un dépit que le lecteur n'ait pas vu ce qui était *là*) était nécessairement prescrit dès la naissance de ces machines et de ces scènes fantastiques, puisqu'elles ne pouvaient pas êtres lues sans lui et que Roussel n'a jamais rien voulu cacher. D'où la phrase initiale de la révélation : « Je me suis *toujours* proposé d'expliquer comment j'ai écrit certains de mes livres. »

Dans les *Impressions,* dans *Locus Solus,* dans tous les textes à « procédé », sous la secrète technique du langage, un autre secret se cache, comme elle visible et invisible : une pièce essentielle au mécanisme général du procédé, le poids qui fatalement entraîne les aiguilles et les roues — la mort de Roussel. Et dans toutes ces figures qui chantent l'indéfinie répétition, le geste unique et définitif de Palerme se trouve inscrit comme un futur déjà présent. Tous ces battements sourds qui se répondent en écho dans les corridors de l'œuvre — on peut bien y reconnaître l'avance métronomique d'un événement dont chaque instant répète la promesse et la nécessité. Et par là on retrouve dans toute l'œuvre de Roussel (et pas seulement dans le dernier texte) une figure combinée du « secret » et du « posthume » : chaque ligne y est séparée de sa vérité — *manifeste* pourtant, puisque *non-cachée* — par ce lien avec la mort future qui renvoie à la révélation posthume d'un secret déjà visible, déjà là en pleine lumière. Comme si le regard, pour voir ce qu'il y a à voir, avait besoin de la dédoublante présence de la mort.

Montrer le Procédé, dans cette invisible invisibilité qui rayonne à travers toutes les figures des *Impressions* et de *Locus Solus* — tâche immense qu'il faudra bien entreprendre un jour ; mais morceau par morceau, quand l'œuvre de Roussel et ses entours seront mieux connus. A titre d'exemple, voici seulement une machine (le métier à tisser de Bedu), et, dans leur cérémonie générale, les premières figures du gala des Incomparables.

Je serais bien étonné qu'en cette fête rien ait été laissé au hasard (sauf bien entendu l'entrée dans le système des mots inducteurs). Laissons de côté, parmi les neuf chapitres qui forment la partie « à expliquer » des *Impressions,* les deux premiers et le dernier — qui racontent le châtiment des condamnés et l'épreuve des Montalescot. Du troisième au huitième, les naufragés non pareils accomplissent à tour de rôle leurs prouesses libératrices. Mais pourquoi le ver citharistre figure-t-il dans la même série que la jeune fille Fortune ? Pourquoi les hommes-écho avec le feu d'artifice ? Pourquoi Adinolfa la pathétique suit-elle, dans le même groupe processionnel, l'homme qui joue des airs folkloriques sur son tibia amputé ? Pourquoi cet ordre, non tel autre ? Le groupement des figures en séries (signalées par les chapitres) a certainement son sens.

On peut, je crois, reconnaître dans la première phalange (chapitre III), *les figures du hasard maîtrisé*. Maîtrisé sous la forme de la dualité : deux jongleurs symétriques (dont l'un est gaucher) forment des images en miroir de chaque côté d'un rideau de balles qu'ils se renvoient l'un l'autre. Maîtrisé selon la règle d'un jeu (fig. 2 : une portée de chatons divisée en équipes égales a appris à jouer aux barres). Maîtrisé par le dédoublement de l'imitation (fig. 3 : l'enfant qui présente un double des objets les plus hétéroclites). Or ce hasard est en même temps inépuisable richesse (fig. 4 : la jeune fille déguisée en déesse Fortune) ; mais, « faut-il encore savoir s'en servir », disait Roussel : d'où la fig. 5 et le tireur qui à coups de fusil (Gras) sépare d'un œuf le blanc et le jaune. Le hasard à vrai dire n'est vaincu que par un savoir discursif, une mécanique capable de prévoir l'aléa, de le dépasser et de le vaincre (fig. 6 : le bretteur de métal qui pare les feintes les plus imprévues et porte des coups sans réplique). Alors on pourra atteindre à coup sûr une gloire qui est pourtant hasardeuse (fig. 7 : l'enfant enlevé par l'aigle grâce à sa propre ruse et au précieux animal qu'il a sacrifié). Cette gloire du hasard vaincu, elle est représentée par trois instruments : l'un utilise les variations de température (quoi de plus imprévisible ? cf. Canterel, la hie volante, et le régime des vents) pour composer de la musique, l'autre utilise des crayons aimantés pour découvrir pierres et métaux précieux, le troisième les soubresauts d'un vers dressé pour exécuter des mélodies sur une sorte de clepsydre (fig. 8, 9, 10). C'est le premier étage du procédé : recevoir, au lieu de l'abolir, le hasard du langage pour l'encadrer dans ses rimes, le prévoir et le construire, découvrir ses trésors, et de ses moindres failles, goutte à goutte, laisser perler le chant. Les ondulations du ver, libérant de la masse d'eau où il est plongé telle ou telle gouttelette, qui en tombant donne une note cohérente, n'est-ce pas, exactement, l'obscur choix des mots dans le flux du langage, qui isolés, projetés hors de leur son premier et vibrant avec d'autres, forment une féerique machine ? Et de la figure double, réfléchie en miroir et reliée par le rapide trajet des balles, au ver d'où s'égrènent les gouttes-syllabes d'un langage polyphonique, on retrouve la courbe même du procédé, telle qu'elle est exactement retracée dans *Comment j'ai écrit certains de mes livres* — depuis « les lettres de blanc » jusqu'à la dispersion des vers de Hugo en perles futures (la détestable assimilation du ver-lombric aux lignes rimantes de Hugo est faite par Roussel dans son texte posthume, et on connaît l'identité Hugo-Roussel sur laquelle est construit le poème *Mon âme*).

Il me semble que le chapitre IV (seconde phalange) est *le chant du langage double* (Carmichaël souffleur de Talou, fig. 11), du langage qui répète l'histoire (la conférence devant les portraits, fig. 12) ou les choses (démonstration de sciences naturelles, fig. 13). Ce langage a l'étrange pouvoir de dédoubler le sujet qui parle, lui faisant tenir plusieurs discours à la fois (fig. 14, l'homme-tronc et orchestre ; fig. 15, Ludovic, le chanteur à bouche multiple). C'est qu'il est capable de se déployer dans un automatisme pur — au-dessus et au-dessous de la réflexion (fig. 16, le décapité parlant ; fig. 17, le tibia-flûte) faisant parler ce qui ne parle pas (fig. 18, le cheval bavard ; fig. 19, les dominos, les cartes et les pièces de monnaie dont la simple distribution spatiale, selon un hasard aménagé, figure une image, comme les mots éponymes forment un récit), donnant à la parole humaine une amplitude, une force encore jamais connues (fig. 20 : le porte-voix fantastique) et une capacité de dédoublement théâtral où l'imitation est identique à la vie qu'elle imite (Adinolfa la célèbre actrice verse jusque dans les coulisses « ses pleurs limpides et abondants », fig. 21).

Faut-il voir dans la troisième série (chapitre v) le théâtre (fig. 22) et son échec (la danseuse-toupie avec son coup de fouet — fig. 23 et Carmichaël avec sa lacune de mémoire — fig. 24) ? Echec de ces doubles qui ne sont point pourtant des « Doublures » ? Je n'en suis pas certain. Le chant suivant, en tout cas, célèbre le triomphe du procédé : victoire de la rime créatrice de musique (écho polyphonique des frères Alcott — fig. 25), victoire de la syllabe minuscule qui s'épanouit, par le procédé, en un récit féerique (ce sont les pastilles de Fuxier qui plongées dans l'eau s'évasent en images colorées — fig. 28), victoire des mots qui lancés comme un artifice au-dessus de l'ombre du procédé, illuminent le ciel noir en une floraison symétrique et inverse de la précédente (le feu d'artifice de Luxo). Au milieu de ces machines à succès, Sirdah l'aveugle est guérie : ses yeux se dessillent, elle voit (fig. 26).

Je voudrais m'arrêter maintenant à la figure qui suit immédiatement cette illumination. Non qu'elle soit le secret révélé, mais parce que de toutes les machines des *Impressions* et aussi, je crois, de *Locus Solus,* c'est elle qui présente avec le Procédé l'isomorphisme le plus éclatant.

Bedu l'ingénieur a installé sur les rives du Tez un « métier à aubes » (il indique silencieusement — et nous le savons par le texte posthume — un labeur pour lequel il faut se lever de bon matin. Acharnement de Roussel). Dans la nuit ses tiges de métal scintillent, illuminées par l'œil rond d'un phare : sur fond d'ombre surgissent « tous les détails de l'étonnante machine vers laquelle convergent tous les regards », avec, au premier rang, celui — neuf — de Sirdah. Dix pages de détails qui font exception semble-t-il à la règle de brièveté ; dix pages au long desquelles fonctionne une machine banale en somme, construite à partir des articles *Jacquard, Métier* et *Tisser* du dictionnaire Larousse illustré en sept volumes. Dix pages sans surprise, sauf deux ou trois détails mécaniquement impossibles (ces difficultés sont résolues sans problème à l'intérieur d'un coffre mystérieux) qui signalent l'insertion du Procédé dans la traditionnelle machinerie du tissage : ne fait-il pas lui aussi irruption dans la structure habituelle de l'écriture ? C'est le fleuve qui alimente le mouvement dans le métier à tisser (comme le flux du langage, avec ses rencontres, ses hasards, ses phrases toutes faites, ses confluences, nourrit indéfiniment les mécaniques du procédé) ; les aubes plongent dans l'eau, parfois en profondeur, parfois à la surface, et le mouvement de leurs palettes déclenche, par un système de fils très compliqué, qui échappe au regard, le jeu d'innombrables broches dont les canettes portent des soies de toutes les couleurs de l'arc-en-ciel, le *fil* de l'eau fait naître au-dessus de lui le mouvement d'autres fils, multicolores, distincts et agiles, dont l'entrecroisement va former le tissu ; ce jeu de fils est aussi un jeu de mots, en lequel se manifeste, comme par référence à soi, le glissement de sens qui sert de fil conducteur pour passer des phrases toutes faites du langage-fleuve à la toile serrée et imagée de l'œuvre. Autre innovation de cette machine : Roussel-Bedu a prêté à la spontanéité des navettes (marchant enfin « toutes seules », pour la première fois depuis Aristote) le travail que Jacquard avait confié aux arcades, aux tiges, au carton à trous : c'est que les navettes fonctionnent comme des mots inducteurs. Obéissant à un « programme » caché, celle qui est désignée quitte quand il faut son alvéole, gagne une case réceptrice et rejoint son point de départ en laissant derrière elle la duite transversale. Ainsi, dans le procédé, des mots prédestinés jaillissent comme spontanément de leur phrase d'origine, traversent l'épaisseur du langage, se retrouvent de l'autre côté — d'où ils reviennent dans l'autre *sens* — et, derrière eux, leur sillage coloré vient s'enrouler à son tour sur l'axe du récit. Il faut noter que le choix des navettes est commandé par les aubes ; mais le mouvement des aubes est déterminé par les nécessités du dessin et le trajet futur des navettes : mystérieux enveloppement du temps, engrenage complexe de l'automatique sur le voulu, du hasard sur la finalité, mélange du *trouvé* et du *cherché,* dont les noces se passent toutes à l'intérieur de ce coffre oblong, noir, jamais ouvert, cependant « appelé à mouvoir l'ensemble » et qui est suspendu entre fleuve et tissu, entre palettes et navettes, entre fil et fil. Cerveau d'une machine à tisser le langage, qui ressemble étrangement à un cercueil. Est-ce la mort qui est là, servant de relais à mi-distance du fleuve et du dessin, de temps et de l'œuvre ? On ne peut le savoir ; tout est fait pour être vu en cette machine (l'image brochée apparaît elle-même à *l'endroit,* comme le récit obtenu par le procédé ne montre pas ce qu'il est à l'envers), sauf ce coffre qui jusqu'au bout restera fermé.

Le tissu qui se trouve sous les yeux des spectateurs représente l'histoire du Déluge (figure inverse de la machine : eau qui n'est pas maîtrisée, flux qui envahit le monde, poussant vers le sommet des montagnes des « malheureux condamnés », comme peut-être les hasards formidables du langage menacent ceux qui ne les dominent pas). Le métier à aubes, c'est le contraire de ce destin crépusculaire ; il montre lui-même ce qu'il est en dessinant l'Arche — vaisseau réconcilié, souveraineté du procédé, lieu où tous les êtres du monde retrouvent avec leurs semblables leur parenté : « Tranquille et majestueuse à la surface des flots, l'Arche de Noé dresse bientôt sa silhouette régulière et massive, agrémentée des fins personnages errant au milieu d'une nombreuse ménagerie. » La machine (reproduction sourde du procédé) reproduit une image dont le symbole surchargé la désigne elle-même dans sa ressemblance avec le procédé ; et ce qu'elle montre au spectateur en une image muette mais distincte, c'est ce qu'elle est au fond d'elle-même : arche sur l'eau. Le cercle est parfait, comme est parfait le grand cycle des aubes, des matins et des mots, qui, chacun à leur tour, plongent dans le courant du langage et y puisent sans bruit l'enchantement des récits. « Leur nombre, l'échelonnement de leur taille, l'isolement ou la simultanéité des plongeons courts et durables, fournissaient un choix infini de combinaisons favorisant la réalisation des conceptions les plus hardies. On eût dit quelque muet instrument, plaquant ou arpégeant des accords, tantôt maigres, tantôt prodigieusement touffus, dont le rythme et l'harmonie se renouvelaient sans cesse... L'appareil entier, remarquable au point de vue agencement et huilage, fonctionnait avec une perfection silencieuse donnant l'impression d'une pure merveille mécanique. » Qu'est-ce donc que ce bruit étrange, parfait au point de n'être pas entendu, cette harmonie muette, ces notes superposées qu'aucune oreille ne saurait percevoir ? Sans doute est-ce ce bruit qui, au fond du langage de Roussel, fait résonner ce qu'on ne parvient pas à entendre. Sans doute est-ce quelque chose comme l'invisible visibilité du procédé dont le mécanisme rigoureux forme le filigrane de toutes ces machines merveilleuses et impossibles.

Fabriquées à partir du langage, les machines sont cette fabrication en acte ; elles sont leur propre naissance répétée en elles-mêmes ; entre leurs tubes, leurs bras, leurs roues dentées, leurs systèmes de métal, l'écheveau de leurs fils, elles emboîtent le procédé dans lequel elles sont emboîtées. Et le rendent ainsi présent sans recul. Il est donné hors de tout espace, puisqu'il est à lui-même son propre lieu ; sa demeure est son enveloppement ; sa visibilité le cache. Qu'on ait pensé devant ces formes contournées et tant de mécanismes-pour-rien à une énigme, à un chiffre et à un secret, c'était bien naturel. Il y a, autour de ces machines et en elles, une nuit entêtée dont on sent bien qu'elle les dérobe. Mais cette nuit, c'est une sorte de soleil sans rayonnement ni espace ; sa lumière est taillée au plus juste de ces formes — constituant leur être même, et non leur ouverture vers un regard. Soleil enfermé et suffisant.

Pour que toute cette machinerie devienne lisible, il n'était pas besoin de chiffre, mais d'une sorte de percée en arrière, qui donne du champ au regard, recule ces figures muettes sur un horizon et les offre dans un espace. Il ne fallait quelque chose *de plus* pour les comprendre ; mais quelque chose *en moins,* une ouverture par où leur présence bascule et réapparaisse de l'autre côté. Il fallait qu'elles soient données dans un double identique à elles-mêmes, et dont pourtant elles sont séparées. Il fallait la rupture de la mort. L'unique *clef,* c'est ce *seuil.*

Et en effet, on les voit réapparaître, ces machines semblables et dédoublées, dans le texte posthume. Par une étrange réversibilité l'analyse du procédé a la même configuration que les machines elles-mêmes. *Comment j'ai écrit certains de mes livres* est construit comme l'exposé des figures dans les *Impressions* ou *Locus Solus* : d'abord, le mécanisme dont le principe et l'évolution sont présentés comme entre ciel et terre, — série de mouvements qui fonctionnent d'eux-mêmes, entraînant l'auteur dans une logique dont il est le moment plus que le sujet (« Le procédé évolua, et je fus conduit à prendre une phrase quelconque... »). Puis dans une seconde navigation, le procédé est repris à l'intérieur d'un temps anecdotique et successif, qui débute par la naissance de Roussel et s'achève dans un retour à ce procédé par rapport auquel la vie de l'auteur apparaît à la fois comme enveloppée et enveloppante. Et c'est à lui finalement que Roussel confie la répétition de sa propre existence dans une gloire posthume — tout comme il revient aux machines de doubler indéfiniment le passé dans une reproduction sans faille, au-delà du temps. « En terminant cet ouvrage, je reviens sur le sentiment douloureux que j'éprouvais toujours en voyant mes œuvres se heurter à une incompréhension hostile presque générale... Et je me réfugie faute de mieux dans l'espoir que j'aurai peut-être un peu d'épanouissement posthume à l'endroit de mes livres. »

Le dernier livre de Roussel serait donc la dernière de ses machines — la machine qui, comprenant et répétant en son mécanisme toutes celles qu'il avait autrefois décrites et fait mouvoir, rend visible le mécanisme qui les avait fait naître. Mais il y a une objection : si les machines ne montrent leur merveilleuse aptitude à répéter qu'en recouvrant des mots et des phrases imperceptibles, n'y a-t-il pas dans le texte posthume un langage caché qui dirait autre chose que ce qui est dit — repoussant plus loin la révélation ? Je crois qu'on peut dire oui et non. Si *Comment j'ai écrit certains de mes livres* rend visible le procédé, c'est en effet qu'il est adossé à autre chose, tout comme le mécanisme du métier à aube ne pourrait se déployer aux yeux du spectateur que dans la mesure où il était soutenu et contenu par le coffret rectangulaire et noir. Cette « autre chose », ce langage d'en dessous, visible et invisible dans le texte « secret et posthume », c'est le secret qu'il doit être posthume, et que la mort en lui joue le rôle de parole inductrice. Et c'est pourquoi, après cette machine, il ne peut y en avoir d'autre : le langage caché dans la révélation révèle seulement qu'au-delà il n'y a plus de langage, et que ce qui parle silencieusement en elle c'est déjà le silence : la mort tapie dans ce langage dernier, qui, en ouvrant enfin le cercueil essentiel du métier à aubes, n'y trouve que son échéance.

La dernière prouesse des *Impressions,* c'est celle de Louise Montalescot. Elle seule, alors que les autres jouent leur liberté, risque la mort. A moins qu'elle ne parvienne (c'est l'unique possibilité de *survie*) à faire une prodigieuse imitation de la vie. Elle choisit pour en donner le double exact, le plus complexe, le plus fragile des paysages : une aurore sur la forêt (cela aussi, après tout, est un « métier à aubes »). « A terre de larges fleurs, bleues, jaunes ou cramoisies étincelaient parmi les mousses. Plus loin à travers les troncs et les ramures, le ciel resplendissait ; en bas une première zone horizontale d'un rouge sanglant s'atténuait pour laisser place un peu plus haut à une bande orange qui s'éclaicissant elle-même faisait naître un jaune d'or très vif : ensuite venait un azur pâle à peine teinté, au sein duquel brillait, vers la droite, une dernière étoile attardée. » Entre la barre de sang qui rougit la ligne d'horizon marquant la limite de la terre, et le ciel clair de l'unique étoile, dans cette distance symbolique, Louise Montalescot doit accomplir son chef-d'œuvre. Elle y parvient, bien entendu — comme à reproduire aussi tout le groupe de ceux qui étaient venus l'observer (Roussel, aussi, adorait faire l'imitation des gens de son entourage) : « Les félicitations les plus vives furent prodiguées à Louise, émue et rayonnante » ; et en lui annonçant qu'elle est sauvée, on lui apprend « l'entière satisfaction de l'empereur émerveillé de la façon parfaite dont la jeune femme avait rempli toutes les conditions strictement imposées par lui ». Mais dans le royaume où Roussel vit seul, il n'y a pas d'empereur, ni d'émerveillement, ni de grâce accordée. Et la parfaite machine se répétera dans la mort.

Roussel, on ne peut guère en douter, est proche parent de tous les inventeurs, acrobates, comédiens, illusionnistes qui forment la petite colonie prisonnière de Talou, proche parent surtout de l'universel Martial qui règne sur le jardin de *Locus Solus*. Il est l'ingénieur toujours éveillé de ces machines à répétition. Mais il est aussi bien ces machines elles-mêmes.

Il est temps de relire *Mon âme*, le poème que Roussel écrivit à dix-sept ans (en 1894) et qu'il publia aussitôt après *la Doublure* sous le titre modifié de *l'Ame de Victor Hugo* : « Mon âme est une étrange racine où se battent le feu, les eaux... »

Il est curieux de comparer à cette précoce machinerie une autre plus tardive où se composent selon une semblable unité l'eau et le feu. Dans le jardin de Canterel, à l'extrémité d'une haute esplanade, un gigantesque bocal fait étinceler comme un diamant le mélange merveilleux qu'il contient : une eau dont chaque parcelle, grâce à une luminosité qui lui est intérieure, brille comme du mica au soleil : intime fusion de la fluidité et de l'éclat — du secret et de l'éclair, puisque, de loin, on ne le voit que dans un scintillement qui attire le regard mais l'écarte, mais de près l'œil le pénètre sans difficulté comme s'il était doué d'une transparence qui ne cache rien. En ce foyer de cristal, on découvre microcosme des inventions de Roussel : une humanité instrumentale, avec la chevelure sonore de Faustine, l'animalité dressée des hippocampes coureurs, la résurrection mécanique des morts avec la bavarde tête de Danton, les scènes qui s'épanouissent comme des fleurs japonaises, l'élément de la survie sans fin avec l'*aqua micans,* enfin la figure en quoi l'appareil se symbolise lui-même : la liqueur jaune solidifiée en soleil.

L'usine de l'Ame, elle, est un curieux souterrain qui reste à ciel ouvert. Avec tout un peuple d'admirateurs, Roussel vient se pencher au bord de ce puits gigantesque, regardant ainsi, au-dessous de lui-même, à ses pieds, le creux ouvert et incendié de sa tête — son cerveau :

> *Sur la profondeur de l'abîme*
> *Mon corps se penche de nouveau*
> *Léché par la flamme sublime*
> *Qui s'élève de mon cerveau.*

De cette tête ainsi coupée (comme le sera celle de Gaïzduh ou de Danton), de ce cerveau à ciel ouvert (comme le sera le diamant de Canterel) mais qui reste à ses pieds, Roussel voit monter tout un langage liquide et incandescent que des ouvriers forgent sans répit sur ces terres hautes où s'ouvre le goulot de la mine. Là, le métal se refroidit, prend forme entre les mains agiles ; le fer devient vers ; l'ébullition se met à rimer.

> *Avec les reflets sur leur face*
> *Du foyer, jaune, rouge et vert*
> *Ils saisissent à la surface*
> *Les vers déjà formés un peu.*
>
> *Péniblement chacun soulève*
> *Le sien avec sa pince de fer*
> *Et sur le bord du puits l'achève*
> *En tapant dans un bruit d'enfer.*

L'inspiration, paradoxalement, vient d'en bas. Dans ce courant d'en dessous des choses, et qui liquéfie le sol ferme, un langage se découvre d'avant le langage : remonté jusqu'à hauteur de travail — jusqu'aux ouvriers qui vont et viennent comme les navettes entre les fils de la chaîne, il est prêt à devenir un fer solide et mémorable, le fil d'or d'un tissu sacré. Au fond dorment les images à naître, calmes paysages sans monde :

> *Un beau soir qui s'apaise*
> *Sur un lac aux reflets grenat*
> *Un jeune couple sous l'ombrage*
> *Rougit au coucher du soleil.*

Ainsi Faustine la danseuse aquatique rêve au fond du diamant : « Une jeune femme, gracieuse et fine, revêtue d'un maillot couleur chair, se tenait debout sur le fond, et complètement immergée, prenait maintes poses pleines de charme esthétique en balançant doucement la tête. »

La forge de l'âme a besoin d'être alimentée : le charbon, feu noir et solide, est apporté par des bateaux venus des pays les plus lointains. De là un entrecroisement de mâts, de wagons, de voiles, de forges, de cheminées et de sirènes, d'eau verte, de métal rouge et blanc. Et l'âme-foyer, tête vorace et ventre ouvert, absorbe tout ce qu'on déverse en elle. Canterel, ingénieur souverain de l'âme-cristal, a déposé avec un soin calculé, en ce réservoir étincelant et frais, les ludions, le chat sans pelage, l'encéphale épluché de Danton, le sauternes solaire, le vertical attelage des hippocampes, et non sans mal la peureuse Faustine. Non pas aliments à broyer, mais fleurs qui vont s'ouvrir.

Les différences sautent aux yeux. Le diamant de *Locus Solus* est tout entier aérien, et comme suspendu en l'air ; sa fraîcheur est parfaite — prometteuse de survie, mais inquiétante déjà : le froid de la mort ne s'y est-il pas glissé, ce froid qu'on retrouvera tout à l'heure dans la glacière à cadavres ? A ras du sol, l'Ame première est étouffante : le charbon, le fer rouge, la fonte lourde se mêlent dans un foyer menaçant mais fécond ; tout est pesant dans ces matériaux bruts. Tout est sans poids et clair dans le cristal ; l'eau merveilleuse (air et boisson, nourriture absolue) est une sorte de charbon transparent, résolu, et déjà sans substance : flamme pure, gaz léger, diamant aussi souple que l'eau, c'est le moteur sans mouvement et inépuisable d'une vie qui, en effet, n'aura pas à s'achever. Ce qu'on y jette flotte, ou danse, ou suit sans effort l'alternance gracieuse de la montée et de la descente. Qui la boit, légèrement s'enivre. Elle est à la fois expansion pure et totale réserve. Elle raconte l'enchantement d'un espace où viennent à fleurir sans effort ni vacarme des figures que portent des mouvements silencieux, répétés sans fatigue, et dans lesquels l'Ame trouve le repos du temps.

La forge au contraire était assourdissante : marteaux, tapage de fer, fourgons, « bruit du canon qui rend sourd ». Le cristal de Canterel serait silence parfait, s'il n'était orné, comme par surcroît, d'une musique à peine perceptible, qu'on croirait celle de sa lumière intérieure : « Peu à peu, en s'approchant de lui, on percevait une vague musique, merveilleuse comme effet, consistant en une série étrange de traits, d'arpèges de gammes montants et descendants », comme si l'eau elle-même était sonore.

On a l'impression qu'en émergeant du sol où elle était primitivement enfouie, la lourde machinerie de la mine, sans rien changer de sa disposition, ni du sens de son mécanisme, est devenue sérieuse, légère, transparente, musicale. Les valeurs se sont inversées : le charbon devenant eau miroitante, la braise cristal, la fusion fraîcheur, le noir lumière, le vacarme harmonie. Le travail désordonné de la fourmilière s'est apaisé ; tous les mouvements tournent désormais sans grincement autour d'un axe qu'on ne voit pas — grande loi intérieure et silencieuse. Hâte et bousculade se sont endormies pour toujours dans la cérémonie des répétitions. La terre est devenue l'éther. C'est peut-être ce changement — ou quelque chose de cet ordre — que Roussel désigne par cette phrase : « Enfin, vers trente ans, j'eus l'impression d'avoir trouvé ma voie par les combinaisons de mots dont j'ai parlé. »

Et puis, toutes ces belles machines aériennes — il y a le cristal, il y a les aubes, il y a la hie volante, la goutte d'eau aérienne, l'aigle et l'enfant, la palme à mémoire, le feu d'artifice, les grains de raisin lumineux, les vapeurs sculptées, la métallique iriselle, les balles des jongleurs jumeaux, et tant d'autres — viendront selon un cycle qui leur est propre se poser à terre. Elles n'y retrouveront pas le désordre flamboyant de la mine, mais un jardin sage et glacé comme celui où Canterel conserve ses morts : ce jardin, c'est celui que parcourt une dernière fois *Comment j'ai écrit certains de mes livres*. Et là, au moment de disparaître, elles trouvent les possibilités d'une nouvelle ascension, où elles deviennent plus sérieuses encore — machines de la pure gloire (puisque nul n'est plus incroyant que Roussel), qui accomplissent des cycles que désormais on ne pourra plus compter. Roussel l'évoque, cette machine éternellement répétitive, cette forge devenue, par-delà la mort, cristal ailé, dans la strophe ajoutée, après la mort de Hugo — cet autre lui-même — à l'*Autre Guitare* :

*Comment, disaient-ils
Nous sentant des ailes
Quitter nos corps vils ?
— Mourez, disaient-elles.*

Elles — ce sont les légères, les impérieuses machines, et, au centre d'elles toutes, le souverain procédé, qui noue en son cristal aveuglant, en son tissage sans fin, en sa profonde mine, l'eau et le feu, le langage et la mort.

5

LA MÉTAMORPHOSE
ET LE LABYRINTHE

Les machineries de Roussel ne fabriquent pas de l'être ; elles maintiennent les choses dans l'être. Leur rôle est de faire *rester* : conserver les images, garder l'héritage et les royautés, préserver les gloires avec leur soleil, cacher les trésors, enregistrer les confessions, enfouir les aveux, bref maintenir sous globe (comme sont sous globes les crânes de François-Jules Cortier ou dans *l'Etoile au Front* le papillon de la préfète). Mais aussi — et pour assurer ce maintien par-delà les limites — faire *passer* : franchir les obstacles, traverser les règnes, renverser les prisons et les secrets, reparaître de l'autre côté de la nuit, vaincre les mémoires en sommeil, comme le fit le fameux bloc d'or de Jouël dont le souvenir a franchi tant de grilles, de silences, de complots, de générations, de chiffres, devenant message dans la tête à grelots d'un bouffon ou poupée de son dans un coussin. Toutes ces machineries ouvrent un espace de la fermeture protectrice qui est aussi celui de la merveilleuse communication.

Passage qui est clôture. Seuil et clef. Les chambres froides de *Locus Solus* jouent ce rôle avec la plus remarquable parcimonie : faire passer la vie dans la mort et abattre par la seule (et bien facile, il faut le dire) vertu d'un « vitalium », jointe à l'efficacité non moindre d'une « résurrectine », la cloison qui les sépare. Mais tout ceci afin de maintenir une figure de la vie qui reçoit le privilège de demeurer sans changement pour un nombre illimité de représentations. Et, protégées par la vitre qui leur permet d'être vues, à l'abri de cette parenthèse transparente et gelée, la vie et la mort peuvent communiquer afin de rester, l'une dans l'autre, l'une malgré l'autre, indéfiniment ce qu'elles sont.

Ce passé qui ne passe pas, et qui pourtant se creuse de tant de communications, sans doute est-il celui que respirent toutes les légendes, celui qui est magiquement ouvert et clos, en un même bruit de fermoir, par l'unique, le toujours répété « il était une fois » : les récits de Roussel que produit la machinerie si compliquée du langage se présentent avec la simplicité des contes d'enfants. En ce monde, mis hors d'atteinte par le rituel verbal qui y introduit, les êtres ont, de l'un à l'autre, un pouvoir merveilleux de faire alliance, de se nouer, d'échanger des murmures, de franchir les distances et les métamorphoses, de devenir les autres et de rester les mêmes. « Il était une fois » découvre le cœur présent et inaccessible des choses, ce qui ne passera pas parce qu'il demeure au loin, dans le tout proche logis du passé ; et au moment où on annonce solennellement dès le début que c'étaient là l'histoire, les jours et les choses d'*une fois,* leur fête unique, on promet à demi-mot qu'elles se répéteront *toutes* les fois — chaque fois que l'envol du langage, franchissant la limite, se retrouvera de cet autre côté qui est toujours le même. Les machines de Roussel, par ce même fonctionnement feutré qui maintient l'être dans l'être, créent d'elles-mêmes des contes : une forme de fantastique continuellement gardé par les bordures de buis de la fable. En une équivoque qui rend ses contes lisibles dans les deux sens (Roussel conseillait aux lecteurs non prévenus des *Impressions d'Afrique* de lire la seconde partie avant la première), ce sont les machineries qui fabriquent les contes et ce sont aussi bien les contes qui s'arrêtent dans les machineries. Leiris disait excellemment que « les produits de l'imagination de Roussel sont des lieux communs quintessenciés : aussi déconcertant et singulier qu'il soit pour le public, il puisait en fait aux mêmes sources que l'imagination populaire et l'imagination enfantine... Sans doute l'incompréhension presque unanime à laquelle Roussel s'est douloureusement heurté tient-elle moins à une incapacité d'atteindre l'universel qu'à cet alliage insolite du simple-comme-bonjour et de la quintessence ». Le procédé produit du déjà-produit, et des récits immémoriaux font naître des machines qu'on n'a jamais vues. Ce discours clos, hermétiquement fermé par ses répétitions, ouvre de l'intérieur sur les plus vieilles issues du langage et en fait surgir soudain une architecture sans passé. C'est là peut-être qu'on perçoit sa parenté avec Jules Verne.

Roussel a dit lui-même quelle admiration il lui portait : « Dans certaines pages du *Voyage au centre de la Terre*, de *Cinq semaines en ballon*, de *Vingt Mille Lieues sous les mers*, de *De la Terre à la Lune*, de *Autour de la Lune*, de *L'Ile mystérieuse*, d'*Hector Servadac*, il s'est élevé aux plus hautes cimes que puisse atteindre le Verbe humain. J'eus le bonheur d'être reçu une fois par lui à Amiens où je faisais mon service militaire et de pouvoir serrer la main qui avait écrit tant d'œuvres immortelles. O Maître incomparable, soyez béni pour les heures sublimes que j'ai passées toute ma vie à vous lire et à vous relire sans cesse. » Et au père de Michel Leiris, il écrivait en 1921 : « Demandez-moi ma vie, mais ne me demandez pas de vous prêter un Jules Verne. J'ai un tel fanatisme pour ses œuvres que j'en suis jaloux. Si vous les relisez, je vous supplie de ne jamais même prononcer son nom devant moi, car il me semble que c'est un sacrilège de prononcer ce nom autrement qu'à genoux. C'est lui de beaucoup le plus grand génie littéraire de tous les siècles ; il « restera » quand tous les auteurs de notre époque seront oubliés depuis longtemps. » A vrai dire nulle œuvre n'est moins voyageuse, n'est plus immobile que celle de Raymond Roussel : rien n'y bouge, sauf de ces mouvements internes que fixe par avance l'espace clos d'une machinerie ; rien ne se déplace ; tout chante la perfection d'un repos qui vibre sur lui-même et dont chaque figure ne glisse que pour mieux indiquer sa place et aussitôt y revenir. Il n'y a pas non plus chez Roussel d'anticipation ; l'invention n'ouvre sur aucun avenir ; elle est toute introvertie, n'ayant d'autre rôle que de protéger contre le temps et son érosion une figure qu'elle a le seul pouvoir de maintenir dans une éternité technique, dépouillée et froide. Les tuyaux, les fils, les propagations magnétiques, les rayons, les effluves chimiques, les portiques de nickel n'ont pas été disposés pour aménager un avenir mais pour se glisser seulement dans la mince épaisseur qui sépare le présent du passé et pour maintenir ainsi les figures du temps. C'est pourquoi il n'est pas question d'utiliser jamais ces appareils : le naufrage des Incomparables, toutes leurs merveilles sauvées, la démonstration qu'ils en font au cours d'une fête sont symboliques de cette gratuité essentielle que la solitude du Jardin de Canterel soulignera encore. Tous ces appareils inconnus n'ont d'autre avenir que dans leur répétition de spectacle et leur retour à l'identique.

C'est cette hantise du retour qui est commune à Jules Verne et à Roussel (le même effort pour abolir le temps par la circularité de l'espace). Ils retrouvaient en ces figures inouïes qu'ils ne cessaient d'inventer les vieux mythes du départ, de la perte et du retour, ceux, corrélatifs, du Même qui devient Autre et de l'Autre qui était au fond le Même, celui de la droite à l'infini qui est identique cercle.

Appareils, mises en scène, dressages, prouesses exercent chez Roussel deux grandes fonctions mythiques ; *joindre* et *retrouver*. Joindre les êtres à travers les plus grandes dimensions du cosmos (le lombric et le musicien, le coq et l'écrivain, la mie de pain et le marbre, les tarots et le phosphore) ; joindre les incompatibles (le fil de l'eau et le fil du tissu, le hasard et la règle, l'infirmité et la virtuosité, les volutes de fumée et les volumes d'une sculpture) ; joindre, hors de toute dimension concevable, des ordres de grandeur sans rapport (des scènes façonnées dans des grains de raisin embryonnaires ; des mécanismes musiciens cachés dans l'épaisseur des cartes du tarot). Mais aussi, retrouver un passé aboli (un dernier acte perdu de Roméo), un trésor (celui de Hello), le secret d'une naissance (Sirdah), l'auteur d'un crime (Rul, ou le soldat foudroyé par le soleil rouge du csar Alexis), une recette perdue (les dentelles métalliques de Vascody), la fortune (Roland de Mendebourg) ou la raison (par le retour du passé dans la soudaine guérison de Seil-Kor ou dans celle, progressive, de Lucius Egroizard). La plupart du temps, joindre et retrouver sont les deux versants mythiques d'une seule et même figure. Les cadavres de Canterel traités à la résurrectine joignent la vie à la mort en retrouvant l'exact passé. A l'intérieur du grand cristal étincelant où flottent les rêves de Roussel, il y a les figures qui joignent (la chevelure-harpe, le chat-poisson, les hippocampes coursiers) et celles qui retrouvent (la tête encore bavarde de Danton, les ludions dont les silhouettes conservent des fragments d'histoire ou de légende, l'attelage qui redevient le vieux char du soleil levant) et puis, entre les unes et les autres, un violent court-circuit : un chat-poisson électrise le cerveau de Danton pour lui faire répéter ses anciennes paroles. En ces jeux, l'imitation a une place privilégiée ; elle est la forme la plus économique selon laquelle joindre s'identifie à retrouver. Ce qui imite en effet traverse le monde, l'épaisseur des êtres, les espèces hiérarchisées, pour venir à la place du modèle retrouver en soi la vérité de cet autre. La machine de Louise Montalescot joint à la grande forêt vivante l'enchevêtrement de ses fils électriques, au génie du peintre le mouvement automatique de la roue ; et ce faisant, elle retrouve la chose même devant laquelle elle est placée. Comme si elle n'avait joint entre elles tant de différences que pour retrouver l'identité du double.

Ainsi se bâtissent en s'entrecroisant les figures mécaniques des deux grands espaces mythiques qu'a si souvent parcourus la fabulation occidentale : l'espace rigide, barré, enveloppé de la recherche, du retour et du trésor (c'est l'espace des Argonautes ou du labyrinthe) et celui communicatif, polymorphe, continu, irréversible de la métamorphose, c'est-à-dire du changement à vue, des parcours instantanément franchis, des affinités étranges, des remplacements symboliques (c'est l'espace de la bête humaine). Mais il ne faut pas oublier que c'est le Minotaure qui veille au fond du palais de Dédale, dont il est, après le long couloir, la dernière épreuve ; et qu'en retour ce palais qui l'emprisonne, le protège, a été bâti pour lui et manifeste à l'extérieur sa nature monstrueusement mêlée. Sur la place d'Ejur, dans le jardin de Canterel, Roussel a édifié des labyrinthes minuscules où veillent des minotaures de cirque, mais où il est question comme là-bas du salut et de la mort des hommes. Michel Leiris, encore une fois, l'a dit : « Mariant des éléments apparemment gratuits dont lui-même ne se méfiait pas, il créait des mythes vrais. »

La métamorphose, avec toutes les figures qui lui sont apparentées, s'accomplit dans les *Impressions* et *Locus Solus* selon un certain nombre de règles qui sont manifestes.

Il n'y a à ma connaissance qu'une seule série de métamorphoses qui soit de l'ordre de l'ensorcellement : c'est l'histoire d'Ursule, de la huronne et des malfaiteurs enchantés du lac Ontario (système de punition magique où la figure empruntée a une valeur morale symbolique et où le châtiment dure jusqu'à une délivrance à la fois prédéterminée et incertaine). Cet épisode mis à part, on ne trouve point de souris transformée en cocher ni de citrouille devenant carrosse. Mais plutôt, la juxtaposition en une seule forme de deux familles d'êtres qui ne voisinant pas dans la hiérarchie doivent franchir pour se rejoindre toute une hauteur d'échelons intermédiaires. Sautant par-dessus le règne animal, le palmier de Fogar est doué de mémoire humaine ; mais l'oiseau iriselle va droit à la rigidité métallique des choses : « Prodigieusement développé, l'appareil caudal, sorte de solide armature cartilagineuse, s'élevait d'abord verticalement pour s'épanouir vers l'avant à sa région supérieure, créant au-dessus du volatile un véritable dais horizontal... Très affûtée, l'extrême portion antérieure de l'armature formait parallèlement à la table un solide couteau peu arqué. » Souvent plusieurs échelons sont élidés, faisant de la douce maturation des métamorphoses un saut vertical, bond au zénith comme le bretteur de métal aux pointes imparables, ou chute vertigineuse dans les régions les plus aveugles de l'être ; quand Fogar s'ouvre les veines, il en tire un étrange cristal verdâtre et mou : « Les trois caillots que Fogar à présent tenait côte à côte dans sa main gauche ressemblaient à de minces bâtons d'angélique transparents et poisseux. Le jeune nègre avait obtenu le résultat cherché par sa catalepsie volontaire dont le seul but en effet était d'amener une condensation partielle du sang propre à fournir les trois fragments solidifiés pleins de nuances délicates. » On a vu déjà des hommes aussi décharnés que des voûtes de pierre relancer tout l'écho d'une cathédrale. Le vieux principe de la continuité des ordres qui organisait, dans le mythe, le désordre de la métamorphose et la propageait par onde comme une sève, est remplacé par une figure discontinue et verticale qui cache de bien plus grands pouvoirs d'inquiétude. D'autant plus grands que cet écart hiérarchique est à la fois manifesté et nié par une rigoureuse simultanéité. La métamorphose d'ordinaire suit l'ordre, le temps ; elle est passage. La superposition des règnes chez Roussel est hiératique ; dans le contour général de la figure elle laisse immobile et définitivement fixée cette béance qu'aucune évolution ne viendra résoudre. La non-nature s'offre avec le calme aristotélicien d'une nature, une fois pour toutes dessinée dans son être. L'insecte dont les anneaux de lumière portée à distance traversent les signes du tarot et oscillent au-dessus de la Maison-Dieu, il n'est sorti d'aucune forêt fantastique, des mains d'aucun sorcier ; nul enchantement ne lui a conféré après coup ce fanal maléfique ; la vieille Félicité en a trouvé la description exacte, avec un dessin, dans un traité d'entomologie acheté chez son voisin le libraire Bazire. Les métamorphoses de la tradition s'accomplissent dans le demi-jour de la fusion, au terme de longs crépuscules ; les rencontres d'êtres chez Roussel se font au plein soleil d'une nature discontinue, à la fois proche et éloignée d'elle-même. Comme si elles obéissaient aux principes d'une ontologie télescopée.

Dans le monde positif de Roussel, la patience du dompteur a remplacé la puissance du magicien. Mais non moins que celle-ci, elle est souveraine : Marius Boucharessas a obtenu le grand cordon de l'ordre des Incomparables (le crachat à delta) pour avoir dressé une portée de chatons à jouer aux barres. Skarioffski porte au poignet un bracelet de corail qui est un gigantesque ver de terre et qui a appris à jouer des airs d'opérette sur une cithare à eau. Mais en ce monde de la représentation — des seuls résultats théâtraux — apprentissage vaut transmutation : bien sûr il a fallu de longues heures de patience et d'innombrables répétitions ; mais le résultat est si parfait et la virtuosité des bêtes est devenue si grande que ces merveilleuses habitudes jouent comme une profonde essence : d'un mouvement presque naturel, les chevaux maritimes et solaires se libèrent du corps noué des hippocampes, mais pour venir se superposer à eux dans le char d'Apollon que traînent désormais des figures dédoublées et uniques. Le dresseur, c'est le doux, c'est l'opiniâtre faiseur de contre-nature à partir d'une nature décollée d'elle-même et ramenée à soi comme en surimpression. (N'est-ce pas de la même façon que l'unité du langage était fendue dans son épaisseur par le procédé et maintenue double dans son texte unique ? Peut-être l'écart des choses et les distances du langage offrent-ils un jeu singulier. Mais ceci est le problème des *Nouvelles Impressions*, non des premières.)

Et pourtant ce monde accordé et souple n'est pas un monde du bien-être. Il est vrai que rien n'y est cruel ou contraint. Lelgouach souriant joue des refrains bretons sur son tibia amputé. Dans sa cithare le ver mélodieux ne rappelle aucun domptage : « Il donnait l'impression d'un virtuose journalier qui suivant l'inspiration du moment, devait présenter de façon chaque fois différente tel passage ambigu. » Le sang du coq Mopsus ; celui du nain Pizzighini ne sont que des bizarreries physiologiques. Et d'ailleurs quelle déflagration pourrait rendre ces monstres dangereux en les arrachant au jardin de Canterel ou au royaume de Talou ? Quelle violence soudaine pourrait secouer ces animaux étranges, tous cernés par le monde vigilant où ils sont promus ? Mais cette absence de péril et de cruauté renvoie à une noirceur intérieure de la chose même et qui s'y trouve calmement contenue : ainsi dans la transparence d'une éponge rampante, secouée de hoquets, avide de sang, on voit « au milieu de son tissu presque diaphane un véritable cœur en miniature » qui sous l'action d'une goutte d'eau projette comme une gerbe de pierres précieuses. C'est là en ce cœur commun à l'homme, au diamant, et à la bête-plante que se trouve le terrible soleil. Cœur qui vit et ne vit pas, comme dans les méduses érigées, les tarots musiciens et tous ces morts froids et mobiles. Et son indissociable dualité (liquide gelé, violence molle, décomposition figée, visibles viscères) trouve ses pouvoirs multipliés et non pas adoucis d'être de l'autre côté de la vitre : spectacle pur que rien ne pourra entamer ni résoudre, et qui reste là destiné à être vu, étalant au grand jour l'être intestinal de sa contre-nature. Monstruosité têtue, à la fois pénétrable et sans recours. Cette cruauté sans griffe (comme est rose, pelé et nu, le chat siamois dans l'eau diamantaire) ne rayonne que vers le centre d'elle-même. Sans doute est-ce à peu près cela qu'on peut appeler l'horreur : pour un regard désarmé, une rencontre de choses mortes et qui se pénètrent, un certain supplice de l'être où les bouches ouvertes ne crient pas.

La vieille structure des légendes de métamorphose se renverse ici. La douceur des récompenses ou des consolations, la justice des châtiments, toute cette économie des rétributions qu'on trouve dans les récits traditionnels disparaît au profit d'une jointure des êtres qui ne porte aucune leçon : simple choc des choses. L'infirme des légendes, guéri pour sa résignation, devient, dans le récit de Roussel, un homme-tronc qui bondit et s'enfonce sur les instruments de musique comme un gros doigt amputé dansant sur les touches d'un piano. L'enfant nourrissant les oiseaux devient ici l'adolescent cataleptique qui donne son sang glauque à des mollusques (Blanche-Neige devenue Vert-Cristal) ; les animaux qui construisent une chaumière à leur bienfaiteur deviennent la méduse crucifiée qui dessine au-dessus de son maître une gigantesque ombrelle de bras affolés et tournoyants. Les hommes du temps où « il était une fois... » faisaient parler les animaux ; dans le cristal de Canterel, flotte un « chef humain composé uniquement de matière cérébrale, de muscles et de nerfs » : ce fut la tête de Danton. Un chat sans pelage nageant autour de lui en excite les nerfs pendants, par l'intermédiaire d'un cornet électrique qu'il porte comme un masque ; les muscles s'agitent, semblent « faire tourner en tous sens les yeux absents » ; ce qui reste de la bouche s'ouvre, se ferme, se tord, faisant sortir de sa furie muette de grandes phrases silencieuses comme des algues, que Canterel traduit pour ses invités. Métamorphoses inversées que celles de ce chat-poisson qui fait parler un mort, de cette tête qui n'a conservé de sa pourriture que l'envers du masque (alors que ce sont les masques qui éternisent les morts), de ce langage rendu à lui-même sans sa voix et dissous aussitôt dans le silence de l'eau. Paradoxe de cette réanimation mécanique de la vie alors que les vieilles métamorphoses avaient pour fin essentielle de maintenir par leurs ruses la vie *en vie*.

C'est là qu'on rencontre une limite que Roussel, de propos délibéré, a tracée aux merveilles sans bornes de ses inventions. On peut dresser un coq à écrire en crachant son sang, faire chanter une barde de lard graduée en toise (c'est la règle de l'art, cf. Jean Ferry) ; on peut faire déclamer des crânes réduits à l'état de pulpe ; on peut faire s'agiter les morts : à aucun, résurrectine + vitalium ne pourra redonner l'existence. Toute l'échelle animale pourra être franchie et les cirons enfermés dans une carte de tarot devenir musiciens et chanter un chœur écossais, jamais la mort ne redevient la vie. La résurrectine manifeste que la résurrection est impossible : dans cet au-delà de la mort qu'elle met en scène, tout est comme la vie, à son image exacte ; c'en est, imperceptiblement décalée par une mince couche noire, la doublure. La vie se réitère dans la mort, communique avec elle-même à travers l'événement absolu, mais ne se rejoint jamais. C'est la même vie, ce n'est pas la vie même.

De la scène représentée derrière les vitres de *Locus Solus* à ce qu'elle représente en une analogie sans défaut, de la répétition à ce qu'elle répète, une infranchissable distance a lancé sa flèche, comme d'un mot au même mot dans le procédé, le langage avait étendu son règne, retrouvant l'identique mais jamais le sens de l'identique. Sans cesse la répétition, le langage et la mort organisent ce même jeu où ils se rejoignent pour montrer qu'ils séparent. Nulle croyance, nul souci non plus de science positive n'ont interdit à Roussel de franchir ce seuil de la résurrection, mais bien la structure profonde de son langage et l'expérience qu'il faisait en lui de la fin (finitude, terme, mort) et du recommencement (répétition, identité, cycle indéfini). Toutes ses machineries fonctionnent à la limite inférieure de la résurrection, sur ce seuil dont jamais elles ne tournent la clef ; elles forment de cette résurrection comme l'image extérieure, discursive, mécanisée et absolument impuissante. Le grand loisir de *Locus Solus,* sa « vacance », c'est un dimanche de Pâques qui demeure vide. Cherchez parmi les morts, dit Canterel, celui qui s'y trouve ; il est ici, en effet, il n'est point ressuscité.

La forme privilégiée de cette répétition de la vie dans la mort représente justement l'instant inverse et symétrique, — ce qui de l'autre côté du miroir est encore le plus proche : le moment où la mort fait irruption dans la vie. Ainsi sont reconstitués : la scène où fut piétinée jusqu'à la mort, par quinze bandits amateurs de ballets folkloriques, la petite fille de

Lucius Egroïzard ; la dernière maladie du sensitif écrivain Claude Le Calvez ; la seconde fin (d'après un texte posthume retrouvé après des siècles) de *Roméo et Juliette* ; la grande crise qui terrasse entre un groom et une lanterne rouge Ethelfleda Exley, la femme aux ongles de miroir ; le suicide de François-Charles Cordier quand il découvre grâce à des runes gravés sur un crâne et une affichette en diamants, que son père a tué sa sœur-fiancée. Ce qui de la vie est répété dans la mort, c'est la mort elle-même : comme si toutes ces machines, ces miroirs, ces jeux de lumière, ces fils, ces corps chimiques inconnus n'extrayaient d'une mort apparemment conjurée que sa proche présence et son règne déjà arrivé. La scène que joue la mort imitant la vie imite la mort de façon aussi vivante que l'avait vécue la vie. La limite que la résurrectine n'a pas abolie répète la vie dans la mort et dans la vie ce qui était déjà la mort. Et en ce matin de tous les jours, François-Charles Cordier fera indéfiniment le même geste : « Sa main droite fouillant dans une de ses poches en ressortira armée d'un revolver, tandis que l'autre défera promptement tous les boutons de son gilet. Appuyant, à l'endroit du cœur, le canon sur la chemise, il pressera sur la détente, et saisis par le bruit du coup de feu qui retentira incontinent, nous le verrons tomber raide sur le dos. » Sans fin et toujours à nouveau.

La métamorphose dont le point de mire, de tout temps, fut de faire triompher la vie en joignant les êtres ou de tromper la mort en les faisant passer d'une figure dans l'autre, voilà que chez Roussel elle répète ce symétrique d'elle-même qui est aussi son contresens : le passage de la vie à la mort.

Le labyrinthe est lié à la métamorphose. Mais selon une figure équivoque : il y conduit comme le palais de Dédale au Minotaure, ce fruit monstrueux, merveille et piège. Mais le Minotaure lui-même, en son être, ouvre un second labyrinthe : enchevêtrement de l'homme, de la bête et des dieux, nœuds d'appétits, muette pensée. L'écheveau des couloirs recommence, à moins peut-être que ce ne soit le même et que l'être mixte ne renvoie à l'inextricable géométrie qui vient de conduire à lui ; le labyrinthe, ce serait à la fois la vérité et la nature du Minotaure, ce qui l'enferme de l'extérieur et ce qui, de l'intérieur, le met au jour. Le labyrinthe tout en perdant retrouve ; il s'enfonce en ces êtres joints qu'il cache et guide vers la splendeur de leur origine. Ainsi chez Roussel, l'horreur des bêtes sans espèces est comme fendue en deux par le trajet à la fois impossible et lumineux du labyrinthe. On en a l'image dans une acrobatie de Fogar : entre une corbeille remplie de chatons miaulant (ceux qui dans une autre scène ont joué une partie de barres) et un tapis hérissé de pointes noires où tout à l'heure se débattait la pieuvre (en tordant ces mêmes chats entre ses ventouses), Fogar a dressé trois lingots d'or et s'apprête à lancer dans leur direction un cube savonneux : « Le savon semblant exécuter une série complète de sauts périlleux décrivit une courbe élancée, puis vint tomber sur le premier lingot ; de là il rebondit en tournoyant comme une roue jusqu'à un deuxième rouleau d'or qu'il n'effleura qu'un instant ; une troisième trajectoire accompagnée seulement de deux culbutes très ralenties le fit aboutir au troisième cylindre d'or massif où il resta en équilibre debout et immobile. » Ainsi entre deux figures du monde animal des métamorphoses, l'habileté de l'homme (qui tout à l'heure les avait réunies en un mélange deux fois monstrueux) trace une ligne improbable et nécessaire, qui vient miraculeusement s'arrêter sur un trésor désigné.

Les labyrinthes de Roussel aboutissent souvent à un morceau d'or pur, comme celui que Hello découvre au fond d'une grotte de marbre vert. Mais ce trésor n'est pas richesse (les pierres et le métal mis à jour avec le lingot n'ont qu'un rôle de profusion dérivée : signe qu'on est arrivé à la source) ; si la vieille couronne des rois de Gloannic a été fondue, si la barre de métal a été cachée et le secret transmis à un bouffon borgne, s'il y a eu une grille magique et des signes dans le ciel, c'est qu'il fallait à la fois cacher et révéler les droits de naissance de Hello. Le trésor vaut moins dans son rôle d'héritage à transmettre que de gardien et de révélateur d'origine. Au centre du labyrinthe, gît la naissance éclipsée, l'origine détachée d'elle-même par le secret et ramenée à soi par la découverte.

Il y a deux sortes d'êtres chez Roussel : ceux de la métamorphose, dédoublés dans l'épaisseur de leur présent et debout au milieu de cette béance où il est sans doute question de la mort ; et ceux dont l'origine est au-delà d'elle-même, comme cachée par un disque noir que le labyrinthe devra contourner pour la découvrir. Les premiers n'ont pas de mystères de naissance ; ils émergent calmement de la nature ou d'un dressage aussi serein qu'elle ; mais ils éblouissent par leur être éclaté. Les autres sont hommes et femmes de tous les jours (leur signalement est celui des récits d'enfants : êtres simples et indivis, tout bons ou tout méchants, classés d'entrée de jeu dans une catégorie préalable) ; mais c'est leur origine qui est barrée d'un trait noir — cachée parce que trop éclatante ou éclatante parce que honteuse. Le labyrinthe s'achemine vers cette lumière papillotante.

Les *Impressions d'Afrique* qui montrent sur la scène des Incomparables tant de belles métamorphoses y conduisent à travers tout un dédale d'anecdotes qui en forment le léger appareil dramatique. Rul, l'épouse du roi Talou, a mis au monde un laideron au regard affreusement convergent, et qui porte en outre une trace rouge sur le front (c'est la *louche à envie* et déjà l'image de *l'Etoile au Front*) ; elle l'abandonne dans la forêt en faisant croire à sa mort ; on retrouve la fillette, on la reconnaît à son front et à ses yeux. Pour assurer la royauté de ses bâtards, la mère, douteuse épouse (elle aussi est une « louche à envie »), la rend aveugle. Interviennent un ministre infidèle, un chasseur de moustiques, une fausse maîtresse, tout un jeu de pièges et de collets, de lettres chiffrées, un rébus, un gant de Suède marqué de craie, un chapeau melon — et tout est découvert, c'est-à-dire que Sirdah recouvre ses droits de naissance, et la vue. Cette histoire est répercutée à l'extérieur d'elle-même, selon un emboîtement caractéristique des labyrinthes de Roussel, par une autre qui l'enveloppe et la détermine : l'aventure de Sirdah n'est que le dernier épisode d'une querelle dynastique commencée lorsque les deux épouses jumelles du fondateur avaient à la même seconde donné le jour à deux garçons identiques. La jurisprudence des droits d'héritage était restée muette et bien embarrassée devant un si merveilleux redoublement : comment reconnaître le premier ? voir l'absolue naissance ? Alors que les métamorphoses s'étalaient sans secret dans le spectacle, la naissance est liée à un regard impuissant ou troublé : le louche regard de Sirdah (elle voit double, comme son ancêtre vit double le jour de la fatale naissance...) qui la fait déchoir de sa naissance puis lui permet de la retrouver, la perte de ses yeux une fois ses droits reconquis, sa guérison le jour même où ses persécuteurs sont exécutés, signalent ce jeu d'éclipse entre *naître* et *voir*. Les *Impressions d'Afrique* font alterner le pur spectacle des Incomparables, lieu de calmes métamorphoses, avec les épisodes du labyrinthe de naissance, jusqu'à la centrale guérison de Sirdah et l'ajustement exact de l'énigme de l'origine à la souveraineté du regard. C'est peut-être cela l'essence de cette fête — de la fête en général — : voir l'être, pour une fois, de fond en comble, et en le voyant, reconnaître la naissance.

Mais pourquoi la naissance est-elle éclipsée et si difficile à voir, alors que tant de monstres s'offrent sans réticence au regard ? C'est qu'en général, elle est marquée du signe de la dualité. Enigme des naissances jumelles (les deux épouses de Souann ; la naissance simultanée de leurs deux fils ; la disparition des sœurs jumelles, réclamées pour un sacrifice humain, dans *l'Etoile au Front*) ; honte cachée des naissances illégitimes et des descendances parallèles (les enfants de Rul ; le neveu déshérité de la préfète) ; les enfants identiques et substitués (Andrée Aparicio remplaçant Lydie Cordier dans l'affection de son père) ; le garçon et la fille du même âge, élevés ensemble, que l'amour sépare et unit (Seil-kor et Nina ; Andrée et François Cordier) ; rivalité de deux lignées qui se disputent un héritage (Talou et Yaour ; et surtout la course au trésor dans *Poussière de Soleils*). En ces dualités les signes de la naissance se brouillent ; c'est que la figure « naturelle » est étrangement renversée : ce n'est plus le couple qui est à l'origine de l'individu et qui le fait venir au jour, mais la naissance elle-même qui déclenche un dédoublement où elle se perd. Là commence un labyrinthe où elle est à la fois prisonnière et protégée, manifeste et voilée.

La double filière cache la filiation, mais permet aussi bien d'en retrouver le fil unique. Le secret du trésor qui doit signifier à Hello ses droits de naissance a été confié par le roi mourant à son double dérisoire, le bouffon ; puis à un double de ce double — une poupée cachée dans un coussin ; pour préserver son fils des brigands dont il est prisonnier, Gérard Lauwerys l'a remplacé par une statuette de plâtre ; pour retrouver sa fille morte, Lucius Egroïzard essaie de reconstituer le double de la voix qu'elle aurait eue si elle avait pu grandir. La naissance cachée à cause de sa dualité et par elle, se trouve enfermée dans un labyrinthe de dualités qui permet finalement et par cela même de la retrouver : au terme se dévoile enfin l'identité absolue — « Ego » marqué sur le bloc d'or souverain de Hello, trésor unique qu'avait caché et désigné la sagesse de Guillaume Blache.

Cette identité triomphante ne résorbe pas cependant tous les doubles dans lesquels elle s'était un moment perdue. Elle laisse derrière elle comme son enveloppe noire : toute la série des crimes qui sont liés à son dédoublement et qu'il faut maintenant châtier. Alors que métamorphoses et dressages s'accomplissaient dans un monde uni où il n'était question que de l'être, les naissances appartiennent à un univers partagé : on y parle sans cesse du bien et du mal, des justes et des méchants, des récompenses et des punitions. Et l'origine retrouvée, pour revenir à son jour éclatant, exige l'abolition du mal. C'est pourquoi, s'il n'y a pas, chez Roussel, de monstre qui soit cruel, il n'y a pas en revanche de fête dont un côté au moins ne soit punitif. Et la cruauté de cette punition consiste dans le pur et simple redoublement du labyrinthe que la méchanceté avait construit pour cacher la naissance. Rul la mauvaise reine avait rendu sa fille aveugle : on lui perce le cœur avec une aiguille passée dans l'*œillet* de son corsage ; Mossem, son amant, avait écrit l'acte de décès falsifié de Sirdah : on le lui grave au fer rouge sur la plante des pieds ; Naïr l'ingénieux inventeur d'un système de pièges est condamné à en fabriquer indéfiniment et à reproduire jusqu'à la fin de ses jours ces labyrinthes de fils ténus comme il en avait aménagés naguère pour aider ses complices. Ainsi le dédale où la naissance se perd est deux fois redoublé : une première fois par le regard qui en le reproduisant le comprend et le démonte, une seconde pour le regard quand il est cruellement répété en public pour punir les coupables. Finalement l'origine n'est restituée en son unité que par le triomphe du regard ; c'est lui qui décolle la vérité de son masque, partage le bien et le mal, dédouble l'être et l'apparence (ainsi le regard rouge et solaire du csar Alexis démasque l'assassin de Pletchaïeff qui, fixé par la lentille sanglante, est frappé des mêmes symptômes que sa victime et meurt dans les mêmes souffrances).

Mais la naissance, enfin mise au jour, n'était pas simple elle-même. Elle était dédoublée déjà par un signe qui anticipait sur elle. Tel est probablement le sens de *l'Etoile au Front :* les trois actes de la pièce sont occupés par la présentation d'objets dont l'apparence plus ou moins banale cache un secret de naissance : le labyrinthe de leur histoire merveilleuse, démonté par Tréze, ou M. Joussac, montre invariablement une remarquable origine, elle-même rattachée à la naissance d'un enfant, à des amours contrariées ou coupables, à des rivalités de descendances, à des conflits entre les branches légitimes et bâtardes : d'où le secret que cachent et restituent à la fois ces objets énigmatiques. Mais avant l'inventaire de ce petit musée, quelques scènes, vite négligées par la suite, en indiquent le sens et peut-être l'origine : il s'agit de sœurs jumelles nées aux Indes et désignées par un signe du ciel pour figurer comme victimes dans un sacrifice humain. C'est de ce signe de naissance qu'il est question dans toute la pièce, signe éclatant et pourtant caché, visible et occulte ; ce que recèle chaque objet du petit musée théâtral, c'est ce qui brillait déjà sur le portique : *l'Etoile au Front*. C'est pourquoi la pièce se termine comme elle avait commencé et comme elle s'était poursuivie : par l'évocation du Signe — son prodigieux hasard et son évidence : « Que de carrières contrariées splendides en regard de piètres parcours accomplis vent en poupe ! Ici un de nos élus, incompris des siens qui le combattent par la faim, brave la misère pour atteindre son but ; là un autre qui eût pu vivre oisif donne au monde un étrange exemple d'assiduité au travail et de mâle persévérance. » Saluons ici, bien sûr, Roussel en personne ; mais surtout cette figure que nous connaissons déjà et où viennent se rejoindre le hasard (regardons « combien drôlement, du haut en bas de l'échelle sociale, furent de tout temps entre les fronts réparties les étoiles ») et la répétition puisque le signe une fois donné, le temps se précède lui-même, la naissance est toujours déjà marquée de son désastre ou de sa gloire, et l'histoire ne sera plus que ce chiffre indéfiniment répété.

Au bout de son labyrinthe enfin dénoué, la naissance, marquée au front par l'étoile, se donne pour ce qu'elle est : une figure de métamorphose où viennent se fondre l'aléatoire et la répétition ; le hasard du signe, jeté avant toute chose, déclenche un temps et un espace dont chaque figure lui fera écho, le réitérera fidèlement et ramènera au point de départ ; dans tout son fourmillement d'aventures la vie ne sera jamais que le double de son astre ; elle maintient dans l'existence ce qui lui était donné avant d'être. L'énigme de naissance a donc la même signification que les scènes de la vie prolongée par la résurrectine : manifester de part et d'autre de l'événement pur (naissance et mort) l'exacte répétition de la même chose, ici de l'imminence meurtrière, là de la promesse qui prédestine et que la vie répète infailliblement. Au moment le plus énigmatique, dans la rupture de tout chemin, quand on accède à la perte ou à l'origine absolue, quand on est au seuil de l'autre, le labyrinthe offre soudain le Même : son dernier enchevêtrement, la ruse qu'il cache en son centre, c'est un miroir de l'autre côté duquel on trouve l'identique. Ce miroir enseigne que la vie avant d'être vivante était déjà la même, tout comme elle sera la même dans l'immobilité de la mort ; la glace où se mire la naissance délabyrinthée est réfléchie dans celle où se regarde la mort, qui à son tour se réfléchit en elle... Et la figure du labyrinthe devient infiniment proche de ces métamorphoses qui culminaient dans le passage de la vie à la mort et du maintien de la vie dans la mort. Le labyrinthe se termine sur un minotaure qui est miroir, miroir de la mort et de la naissance, lieu profond et inaccessible de toutes les métamorphoses.

Là les différences se *rejoignent* et *retrouvent* l'identité ; le hasard de la mort et celui de l'origine, partagés par la mince lame de la glace, se trouvent placés dans l'espace virtuel mais vertigineux du double. Sans doute est-il, cet espace, celui du Procédé, quand à partir du hasard verbal qu'il dédouble, il fait jaillir par métamorphose tout un trésor de différences dont il retrouve l'identité en les joignant par un labyrinthe de mots. La souveraineté du Procédé est à lire encore en tous ces monstres doubles, en toutes ces naissances cachées.

Et peut-être le premier personnage des *Impressions,* Naïr, l'homme aux pièges, rivé à son estrade et condamné à fabriquer jusqu'à la fin des temps ces imperceptibles labyrinthes de fils qui sont des fruits métamorphosés (fruits-animaux puisqu'ils ressemblent à une prochaine chrysalide) est-il la présence même de Roussel au seuil de son œuvre, lié à elle, la dévoilant avant sa naissance (par l'étoile de ses minuscules araignées) dédoublant sa fin (par ce supplice qui ne doit pas finir), la montrant pour ce qu'elle est en son langage profond : une métamorphose-labyrinthe.

« Prisonnier sur son socle, Naïr avait le pied droit retenu par un entrelacement de cordages épais, engendrant un véritable collet étroitement fixé à la solide plate-forme ; semblable à une statue vivante, il faisait des gestes lents et ponctuels en murmurant avec rapidité des suites de mots appris par cœur. Devant lui, posée sur un support de forme spéciale, une fragile pyramide faite de trois pans d'écorce soudés ensemble capti ait toute son attention ; la base tournée de son côté, mais sensiblement surélevée, lui servait de métier à tisser ; sur une annexe du support, il trouvait à portée de la main une provision de cosses de fruit extérieurement garnies d'une substance végétale grisâtre rappelant le cocon des larves prêtes à se transformer en chrysalides. En pinçant avec deux doigts un fragment de ces délicates enveloppes et en ramenant lentement sa main à lui le jeune homme créait un lien extensible pareil aux fils de la Vierge qui, à l'époque du renouveau, s'élongent dans le bois ; ces filaments imperceptibles lui servaient à composer un ouvrage de fée, subtil et complexe, car ses deux mains travaillaient avec une agilité sans pareille, nouant, enchevêtrant de toutes manières les ligaments de rêve qui s'amalgamaient gracieusement. »

Dans les *Impressions d'Afrique*, la métamorphose fournit les scènes essentielles, qui sont reliées seulement par le réseau léger d'un labyrinthe ; *Locus*

Solus s'organise selon un autre équilibre et des interférences plus complexes : dans le dédale des allées, des figures impossibles surgissent ; mais dans les cellules à résurrection (c'est-à-dire dans les plages de la métamorphose) s'ouvrent de difficiles labyrinthes (longs récits de naissances exceptionnelles, de trésors perdus et retrouvés). Dans les pièces de théâtre l'équilibre est rompu à nouveau mais vers une autre direction : le labyrinthe l'emporte définitivement.

Mais il y a un croisement plus étrange encore : les figures de la métamorphose apparaissent volontiers dans une sorte de quasi-théâtre : scène des Incomparables, fêtes du couronnement, jardin aménagé de Canterel comme une scène de verdure, marionnettes des morts, et ceci en vertu d'une vocation qui destinait tous ces êtres mélangés, du fond de leur nature ou du premier jour de leur apprentissage, à être *vus ;* leurs prouesses n'avaient de sens que pour un spectacle. Le labyrinthe en revanche, qui ne se déploie que dans un paysage caché, ne donne rien à voir : il est de l'ordre de l'énigme, non du théâtre. Or, c'est cette structure de labyrinthe qui soutient entièrement le théâtre de Roussel : comme s'il s'agissait de le vider de tout ce qui peut faire sa théâtralité, de ne laisser apparaître sur sa scène visible que les jeux d'ombre du secret. Au contraire jamais il n'est plus souvent question de masques, de déguisements, de scènes, d'acteurs, de spectacle que dans les textes non théâtraux : les métamorphoses ne sont offertes que sur une scène racontée donc atténuée et prise dans le labyrinthe d'un discours qui la livre au deuxième ou troisième degré (par exemple l'imitation de Shakespeare en une scène rapportée à l'intérieur d'un récit continu).

Autour de ce rapport l'œuvre de Roussel semble avoir pivoté tout entière — y compris les textes hors procédé. *La Doublure* et sa cavalcade de masques, *la Vue* avec cette fleur gigantesque qui croît à l'intérieur d'une lentille de verre sont de l'ordre de la métamorphose, du regard et du théâtre ; les *Nouvelles Impressions* poussent jusqu'à la destruction du langage le labyrinthe parlé et invisible des naissances et des parentés. Peut-être le procédé n'est-il qu'une figure singulière prise dans un espace plus large où se croisent le labyrinthe (la ligne à l'infini, l'autre, la perte) et la métamorphose (le cercle, le retour au même, le triomphe de l'identique) ? Peut-être cet espace des mythes sans âge est-il celui de tout langage — du langage qui s'avance à l'infini dans le labyrinthe des choses, mais que son essentielle et merveilleuse pauvreté ramène à lui-même en lui donnant son pouvoir de métamorphose : dire autre chose avec les mêmes mots, donner aux mêmes mots un autre sens.

6

LA SURFACE DES CHOSES

Et ces livres de Roussel qui ne sont pas « certains de ses livres » ? Ces textes incertains dont il est dit et répété qu'ils sont « absolument étrangers au procédé » ? Que leur ressemblance avec les autres ne peut être que de rencontre — non de naissance ni d'artifice préparé ? A la recherche, en 1928, du réseau de communications dont il pressentait, sous le langage de Roussel, la rigoureuse souveraineté, Vitrac avait rapproché l'acteur à maladroite rapière qui poursuit son fourreau aux premiers vers de *la Doublure* et la doublure qui, dans *Chiquenaude,* joue le rôle d'un Méphisto perdu par la reprise de son pantalon. A quoi Roussel répond fermement : « Il ne faut pas chercher de rapports ; il n'y en a aucun. » Ceci est sans réplique. Les bandes mitées du billard ont donné naissance au manteau royal et chiffré de Talou (parce qu'il y a, ici et là, procédé) ; les vers et les papillons qui ont dévoré la doublure rouge ne sont pas ceux que récite un doublant acteur (parce qu'il n'y a pas de procédé). Critère simple. Il faut laisser dans son isolement la forteresse du procédé dont Roussel au moment de mourir a indiqué l'issue et cerné les exactes limites.

Il paraît que Roussel attachait peu d'importance à ses premières œuvres. Mais nous savons bien, maintenant, par toute une littérature qui nous est contemporaine, que le langage de *la Doublure* et de *la Vue*, comme certains espaces « inutiles » découverts par les géomètres, soudain s'est trouvé peuplé d'êtres littéraires qui sans lui seraient inconcevables ; longtemps laissé à l'abandon, il porte aujourd'hui tout un monde concret dont il a, à l'aveugle, défini les postulats et les axiomes. Et si on pouvait prouver de plus qu'il est comme la géométrie fondamentale du Procédé (ce à quoi je vais m'employer aussitôt), ce langage apparaîtrait comme le lieu de bien prodigieuses naissances — et de combien d'autres que nous ne connaissons pas encore.

Après l'échec de *la Doublure* (1897), et aussitôt après la grande secousse qui le suivit, s'ouvre une « période de prospection » ; elle s'étend de 1898 à 1900 ou même 1902 ; elle est occupée sans doute par la rédaction des « textes-genèse » (contes cycliques à phrases répétées) dont aucun ne satisfit exactement leur auteur, sauf *Chiquenaude* publiée en 1900. Nous savons que là était l'origine du procédé : la forme circulaire est encore utilisée dans *Nanon* et *Une page du Folklore breton*, qui paraissent sept ans plus tard dans *le Gaulois du Dimanche* ; et bientôt après, le procédé se « généralise » avec les *Impressions d'Afrique.* Or entre l'époque-Chiquenaude et l'époque-Impressions, cinq textes ont paru, tous cinq étrangers au procédé. Il est vrai que *l'Inconsolable* et *les Têtes de carton* ont pu être écrits bien plus tôt, à l'époque de *la Doublure* dont ils paraissent comme des météores détachés. Mais *la Vue, la Source* et *le Concert* ont sans aucun doute été écrits quand fonctionnait déjà le mécanisme à répétition. Et comme rien n'autorise jamais à mettre en doute la parole de Roussel (il en était trop économe), il faut bien admettre que ces trois textes ouvrent dans le règne du procédé une parenthèse délimitant une plage arrondie et autonome, un peu comme une lentille incrustée qui contiendrait, avec son paysage minuscule, un espace irréductible à celui dans lequel elle est placée.

Quant à l'œuvre dernière, les *Nouvelles Impressions,* achevée en 1928, elle avait été commencée en 1915, au lendemain de *Locus Solus.* Seule la rédaction de *Poussière de Soleils* et de *l'Etoile au Front* vint quelque temps l'interrompre, renouant avec le procédé auquel les *Nouvelles Impressions* échappent. La technique des mots répétés n'a donc eu de souveraineté exclusive que pendant une période assez courte, moins d'une dizaine d'années peut-être : c'est l'époque où Roussel abandonne les vers (puisque l'interne et inaudible écho des mots entre le cliquetis des machines d'Ejur et les murmures du jardin de Canterel forme des rimes suffisantes et définit à lui seul l'espace fertile de la fondation poétique). Mais du début à la fin de l'œuvre et sans aucune exception, le langage de Roussel a toujours été double, tantôt tenant des discours sans procédé, et tantôt des discours à procédé ; mais les premiers sont en vers, les seconds en prose. Comme si cette essentielle poésie dont le propos a occupé, presque exclusivement, la vie de Roussel, était dédoublée en versification (*la Doublure, la Vue, les Nouvelles Impressions*) et en procédé (les *Impressions, Locus Solus* et le théâtre) avec des interférences compliquées dans le temps, des interruptions, des croisements et même certains effets de doublure, comme ce mélange de rime et de procédé qu'on trouve dans le *Folklore breton* et un peu aussi dans *Chiquenaude*. Une seule possibilité est exclue : un langage sans procédé ni rime, c'est-à-dire sans doublure.

Ce double langage superposé à lui-même fait penser au contrepoint, constant dans *Locus Solus,* qui fait entendre, au-dessus du discours visible des morts, la voix basse de Canterel expliquant en prose quelle répétition poétique s'accomplit de l'autre côté de la vitre et quelle rime se fait écho entre la vie et la mort. Peut-être faut-il penser aussi à Ludovic, le chanteur à goule immense et à voix multiple qui vient sur la scène des Incomparables faire entendre l'harmonique canon de son gosier en batterie : « Avec un joli timbre de ténor, Ludovic, doucement, commença le célèbre canon de *Frère Jacques* ; mais l'extrémité gauche de sa bouche était en mouvement et prononçait les paroles connues, tandis que le restant de l'énorme gouffre se maintenait immobile et fermé. Au moment où avec les premières notes, les mots « Dormez-vous » résonnaient à la tierce supérieure, une seconde division buccale attaqua « Frère Jacques » en partant de la tonique ; Ludovic, grâce à de longues années de travail, était parvenu à scinder ses lèvres et sa langue en portions indépendantes les unes des autres et à pouvoir sans peine articuler en même temps plusieurs parties enchevêtrées, différant par l'air et par les paroles ; actuellement la moitié gauche remuait tout entière en découvrant les dents sans entraîner dans ses ondulations la région droite, demeurée close et impassible. » On peut rêver que Roussel, lui aussi, a appris à rendre sa langue fourchue, sa voix fuguée, à superposer son langage, à taire pendant une mesure la moitié de son discours (ce qu'il a fait en maintenant en silence les contre-phrases des *Impressions* et de *Locus Solus* jusqu'à l'entrée d'une autre voix dans *Comment j'ai écrit certains de mes livres*) alors que son écriture, bouche unique, donnait l'impression d'être absolument linéaire. Travail démesuré, comme fut celui de Ludovic qui, « épuisé par un terrible effort mental sortit en s'épongeant le front ».

On peut aussi penser au système à double entrée que la prudence de Guillaume Blache (ruse bien dangereuse, comme l'histoire l'a prouvé) a ménagé au seuil de *Poussière de Soleils :* pour mettre la main sur le crâne à sonnet qui conduit au puits à millions — premier éclat d'un soleil émietté —, on peut pousses deux portes, aussi ouvertes l'une que l'autre (tant le vieux Guillaume avait peur qu'on ne *trouve* pas son trésor), aussi fermées l'une que l'autre (tant il avait peur que, trop facile d'accès, il ne se *perde*) ; celles-ci franchies, les deux pistes sont la même ; les deux groupes rivaux en s'y avançant parcourent des étapes identiques. Peut-être aussi, conduisant au trésor final de l'œuvre — à ce puits, à la fois mine et forge dont le poème de l'*Ame* dès le début montrait le rougeoiement — y a-t-il deux chemins qui sont le même, deux seuils pour la même route, deux ouvertures donnant sur ce qui, d'un seul mouvement, s'ouvre : l'une étant le secret (dévoilé donc devenu non-secret) et l'autre étant le non-secret (demeurant, pour cela même, loin de tout dévoilement, dans l'ombre, et sous le sceau d'un paradoxal secret). L'absolue exclusion de l'une par l'autre n'est que le seuil de leur identité : voici d'un côté le secret du non-secret et de cet autre le non-secret du secret. La clef qui ferme et empêche toute transgression ouvre en profondeur un seuil qui ressemble comme un frère à celui de l'identité.

Telle est l'ambiguïté (il est par définition impossible d'en sortir) où oscille sans fin la part non dévoilée de l'œuvre : inutile de lui ajouter le poids supplémentaire d'un procédé occulte, d'un secret demeuré secret. Cette part, Roussel l'a toujours mise hors du procédé. Ce qui évidemment ne veut pas dire qu'elle est construite sans *un* procédé ; rien n'empêche, en stricte logique, d'essayer de découvrir un *autre* procédé dans les textes non expliqués, la seule condition étant que ce ne soit pas le *même* ; Jean Ferry, pour les *Nou-*

velles Impressions, a essayé, sans retenir définitivement l'hypothèse, l'alphabet Morse. Pourquoi pas ? — Je ne sais si c'est vrai ou faux ; je crains seulement — avec tout le respect qu'on doit à un si fervent interprète — que ce ne soit pas de très bonne méthode. Avant d'établir l'équation Absence de procédé = présence d'un autre, il faut garder à l'esprit que cette absence peut *aussi* bien équivaloir à l'inexistence de tout procédé ; il faut, pour laisser ouvert le champ entier du possible, considérer seulement que les « autres » œuvres tombent hors de la révélation du procédé. A nous de nous en tenir à ce non-dévoilement, dont la certitude vide doit maintenir jusqu'au bout notre neutralité ; laissons donc s'ouvrir devant nous une interrogation absolument désemparée où notre désarroi pour nous guider n'aura qu'un repère : ce non-dévoilement lui-même, pris non pas comme synonyme d'un secret mieux enfoui (et qu'on pourrait éventuellement mettre au jour), mais comme une indécision qui est, au fond d'elle-même, insurmontable. Insurmontable parce que les « autres » textes n'apparaissent hors du dévoilement que dans la mesure où « certains » ont été dévoilés. Seule cette explication laisse « inexpliqués » la limpidité de *la Vue* ou le si méticuleux besoin d'explication qui alimente, semble-t-il, les longs discours didactiques des *Nouvelles Impressions*. C'est le geste de dévoilement qui jette une ombre inévitable et arrache à tant de textes calmes la possibilité, désormais ineffaçable, d'un secret. Il ne faut pas mettre au même niveau ici un secret certain, là un secret probable, mais pousser l'interrogation assez loin pour qu'apparaisse à l'évidence la parenté du dévoilement et de son ombre. C'est à cette parenté essentielle (non à l'hypothétique symétrie des secrets) que nous devons adresser nos questions.

Les textes hors procédé s'adossent à la révélation du procédé dont ils forment l'autre côté, la moitié nécessairement noire. Ce qui en eux est invisible l'est devenu (et l'est devenu visiblement) lorsqu'on a fait voir ce qui était invisible dans les *Impressions,* dans *Locus Solus,* dans les pièces de théâtre. Et cette invisibilité, qui s'enracine dans le dévoilement même, n'est rien d'autre que cette visibilité pure et simple que laisse valoir, en son indifférence, le geste qui dévoile. Si bien que dans les textes non dévoilés qui tiennent leur énigme originaire d'une solution venant d'ailleurs et s'appliquant ailleurs, le visible et l'invisible sont intimement croisés. Mais c'est trop peu dire encore : car il pourrait s'agir dans cet entrelacement d'un jeu plus subtil du secret ; en fait le visible et l'invisible sont exactement le même tissu, la même indissociable substance. Lumière et ombre y sont le même soleil. Son invisibilité, le visible ne la tient que d'être purement et simplement visible. Et son absolue transparence il la doit à ce non-dévoilement qui le laisse d'entrée de jeu dans l'ombre. Ce que cache ce qui n'est pas caché, ce que dévoile ce qu'on ne dévoile pas — sans doute est-ce cela le Visible lui-même.

L'énigme propre à ce visible (ce qui le rend fondamentalement invisible) c'est qu'on n'en peut pas parler à partir de lui-même, mais du fond de cette distance que prescrit ou permet l'invisible. Ce que nous savons du procédé, et de tout le langage qui est placé sous son signe, ne nous servira pas de clef pour déchiffrer ce qui n'a pas de signe, mais nous ouvrira, par son éloignement même, l'espace à travers lequel nous pourrons voir ce qu'une visibilité éclatante, originaire, égale en tous ses points, solaire par chacune de ses parcelles (un peu comme l'*aqua micans* du cristal de Canterel) nous empêchait de voir. Le dévoilement du procédé a jeté son ombre sur toutes les œuvres hors procédé ; mais il a instauré la dimension grise au bout de laquelle se découvre enfin au regard ce qui lui était offert déjà dans une proximité où l'éblouissement aveuglait.

La Doublure, la Vue, le Concert, la Source, les *Têtes de carton, l'Inconsolable* sont des spectacles. Des spectacles purs, sans répit. Les choses s'y étalent dans une profusion qui est au plus proche et au plus loin de ce qui constitue le théâtre. Rien n'existe qui ne soit visible et ne doive son existence au regard qui le voit. Mais au théâtre, le visible ne forme qu'une transition vers un langage auquel il est entièrement destiné. La pente est inverse dans les spectacles de Roussel : le langage s'incline vers les choses, et la méticulosité des détails qu'incessamment il apporte le résorbe peu à peu dans le mutisme des objets. Il n'est prolixe que pour se diriger vers leur silence. Comme s'il s'agissait d'un théâtre vidé de tout ce qui le rend comique ou tragique, et déversant son inutile décor pêle-mêle, au hasard, devant un regard impitoyable, souverain et désintéressé ; un théâtre qui aurait basculé sans résidu dans l'inanité du spectacle et n'aurait plus à offrir que le contour de sa visibilité : le carnaval de tous ses trésors de carton, ses papiers coloriés, la scène ronde, dérisoire et immobile d'une lentille-souvenir.

Mais cette mince visibilité règne triomphalement. Que n'offre-t-elle pas en sa générosité inépuisable ? En haut d'une de ces feuilles de papier à lettres qu'on trouve dans le salon des hôtels, glissées dans de petites boîtes noires, étroites, ouvertes à leur face supérieure et divisées en deux cases, l'autre étant destinée aux enveloppes, le poème du *Concert* m'a permis de dénombrer quatre-vingt-sept personnages (je me suis peut-être trompé) parfaitement reconnaissables à leur allure, à leurs gestes, à leurs occupations, à leurs soucis parfois, à leur métier souvent, et aussi à leur caractère déchiffrable d'après le jeu de leur physionomie. Il faut ajouter une masse un peu confuse de musiciens d'orchestre (on distingue cependant les archets des violons, leur parallélisme imparfait, l'ampleur des mouvements qui les ont conduits à des hauteurs différentes), leurs auditeurs, les groupes qui se promènent, des clients entassés autour de la marchande de coco, des enfants qui « s'ébaudissent ». Ce n'est pas tout : il y a en outre des chevaux, un lac, sur ce lac des bateaux, non loin de là un omnibus, des malles, des grooms. J'oubliais un hôtel « énorme, haut, immense » qui éclipse tout « tant il est colossal, monstrueusement vaste ». Alentour, « rien n'est là pour lui faire contraste ». La petite vignette de papier à en-tête comme la lentille du porte-plume souvenir, comme l'étiquette de la bouteille d'eau d'Evian est un prodigieux labyrinthe — mais vu d'en haut : si bien qu'au lieu de cacher, il met naïvement sous les yeux le lacis des allées, les buis, les longs murs de pierre, les mâts, l'eau, ces hommes minuscules et précis qui vont dans tous les sens d'un même pas immobile. Et le langage n'a plus qu'à se pencher vers toutes ces figures muettes pour tenter par d'infinies accumulations d'en rejoindre la visibilité sans lacune.

Celle-ci, à vrai dire, n'a pas à être mise au jour : elle est comme l'offrande d'une ouverture profonde des choses elles-mêmes. Aucune acuité n'a besoin de les traverser pour leur faire dire leur secret : un mouvement autonome les épanouit, montrant sans réticence ce qu'elles sont. Et même un peu plus : ce qu'on voit d'elles déborde sur le passé ou l'avenir, leur donnant une vibration temporelle qui ne conteste pas mais épaissit plutôt leur hiératisme. Elles ne sont pas là seulement en ce point du temps que découpe le regard, mais en nappes profondes, consistantes où gît, avec toutes ses possibilités, leur être entier. Un geste, une silhouette, une expression ne livrent pas moins qu'une nature et cette forme où l'être et le temps se stabilisent l'un l'autre. Voici par exemple, sur l'étiquette rose de l'eau minérale,

> *Une femme grande*
> *Avec une froideur prudente dans l'abord,*
> *Elle a, par bonheur pour elle, une forte idée*
> *De sa personne et n'est jamais intimidée.*
> *Elle croit presque tout savoir ; elle est bas-bleu*
> *Et ne fait aucun cas des gens qui lisent peu.*
> *Elle tranche quand on parle littérature.*
> *Ses lettres sans un mot plat, sans une rature*
> *N'éclosent qu'après des brouillons laborieux.*

Rien de tout ce qu'on voit ici n'est donné et ne peut être donné au regard ; il s'agit d'une visibilité qui se dépense pour elle-même, ne s'offre à personne et dessine une fête intérieure à l'être, qui l'éclaire de fond en comble pour un spectacle sans spectateur possible. Visibilité hors du regard. Et si on y accède à travers une lentille ou une vignette, ce n'est pas pour signaler la présence d'un instrument entre l'œil et ce qu'il voit ni pour insister sur l'irréalité du spectacle, mais, par un effet rétrograde, pour mettre le regard entre parenthèses et à une autre échelle. Grâce à ce décalage, l'œil n'est pas situé dans le même espace que les choses qu'il voit ; il ne peut leur dicter son point de vue, ni ses habitudes, ni ses limites. Il doit, sans intervenir, les laisser « être vues » par la grâce de leur être ; il n'y a d'invisible que dans son espace à lui. La fin de *la Source* souligne cet effet jusqu'à l'évidence ; la dernière figure de l'étiquette présente un homme lisant une lettre ; on apprend tout sur son caractère, son égoïsme, sa crainte des maladies, son hostilité aux médecins, son goût des médicaments, sa facilité à s'attendrir sur lui-même. Tout à coup une main « ahurissante et leste » enlève la bouteille ; le regard est rendu à son royaume naturel — règne du lointain bordé d'imperceptible :

L'Américain, vautré plus que jamais, allume
Un cigare ; le couple émoustillé, là-bas,
Chuchote toujours des choses qu'on n'entend pas.

L'espace du regard « vrai » est brumeux, brouillé, étagé, profond, et au loin cerclé de noir. A l'intérieur du cercle magique, au contraire, les choses se donnent dans leur existence têtue, autonome, comme si elles étaient douées d'une obstination ontologique qui fait éclater les règles les plus élémentaires de la distribution spatiale. Leur présence est rocheuse, totale, libre de toute relation.

De là une essentielle absence de mesure : on voit de la même façon le hublot du yacht et le bracelet d'une dame qui bavarde sur le pont ; les ailes du cerf-volant et les deux pointes, légèrement retroussées par le vent (assez fort en cet endroit de la plage) que forment les extrémités de la barbe d'un promeneur (heureusement, les *Nouvelles Impressions* nous apprendront à ne pas confondre des objets aussi différents par la taille). On comprend pourquoi les têtes de carton ont eu tant d'attrait pour Roussel : elles détruisent systématiquement les proportions, superposent un visage énorme à un corps qui prend l'allure d'un insecte, font triompher dans la vive couleur de l'être l'imperceptible détail qui existe à peine. On a le même effet dans l'usage des noms communs pour désigner les personnes (le Père Volcan, Madame Broderie, le jeune Tiroir) : assimilation des choses et des hommes, du minuscule et de l'immense, du vivant et de l'inerte, dans un être neutre, à la fois démesuré et homogène.

La Vue, comme par une contradiction immédiate de son titre, ouvre un univers sans perspective. Ou plutôt elle combine le point de vue vertical (qui permet de tout embrasser comme en un cercle) et le point de vue horizontal (qui place l'œil à ras de terre et ne lui donne à voir que du premier plan) si bien que tout est vu en perspective mais que chaque chose pourtant est envisagée en plein milieu. Perspective à la fois d'en face et d'en haut qui permet, à la manière de certaines peintures primitives, une offrande orthogonale des choses. Il n'y a pas de point privilégié autour duquel le paysage s'organiserait, puis en s'éloignant s'effacerait peu à peu ; mais toute une série de petites cellules spatiales de dimensions à peu près semblables qui sont posées les unes à côté des autres, sans proportions réciproques (telles étaient à peu près les loges à résurrection de *Locus Solus*). Leur position n'est jamais définie par rapport à l'ensemble, mais selon un repère de voisinage qui permet de passer de l'une à l'autre comme on suit les maillons d'une chaîne : « à gauche », « devant eux, plus à gauche », « en l'air, plus haut », « plus loin », « plus loin, toujours vers la gauche », « au bout de la plage », « encore assez près d'eux », « un peu plus vers la gauche, de l'autre côté de l'arcade » : ainsi s'étale le sable de *la Vue*, en grains discontinus, uniformément grossis, éclairés d'une lumière égale, dressés les uns à côté des autres dans le même éclat de midi — poussière déjà de soleils. Proches ou lointaines, les scènes ont la même taille, sont vues avec la même précision, comme si chacune avait un droit égal et imprescriptible à être vue. Il arrive, bien sûr, qu'une figure placée devant une autre la masque (l'écume de la mer brouille le profil des rochers ; la cime d'une vague esquive les trois quarts d'une barque) ; mais ce sont des effets de surface, non de profondeur ; la disparition des formes n'est pas due aux lois essentielles de l'espace, mais à une sorte de concurrence où d'autres formes s'imposent, laissant tout de même aux premières une visibilité de droit qui finit toujours par passer dans les mots en contournant par un étrange pouvoir les obstacles qui devraient la dérober. Dans *la Source* une femme qu'on aperçoit mal — elle est à demi cachée dans une chaise à porteurs — est décrite en vingt-quatre vers qui nous apprennent : qu'elle est coiffée à la chinoise ; qu'elle s'est vêtue avec trop de hâte ; qu'elle a une tête de linotte, la main fine ; qu'elle se laisse volontiers courtiser ; qu'elle n'entend pas facilement raison. Etre vu n'est jamais un effet du regard ; c'est une propriété de nature dont l'affirmation ne rencontre pas de limite. Une fois qu'on est entré dans cet espace non spatial de la lentille ou de l'étiquette — dans ce monde fictif, analogique de la reproduction, où seuls existent de vagues signes imprimés sur du papier — l'être s'impose dans une sérénité pléthorique ; la luminosité qui le parcourt de fond en comble ne s'épuise jamais. Elle est, hors du temps, une perpétuelle et douce émanation.

Tout est lumineux dans les descriptions de Roussel. Mais rien n'y raconte le jour : il n'y a ni heure ni ombre. Le soleil ne bouge pas, équitable à toutes choses, dressé pour toujours au-dessus de chacune. C'est que la lumière n'est pas un milieu où baignent les lignes et les couleurs, ni l'élément où le regard vient les rejoindre. Elle est divisée en deux règnes qui ne communiquent guère : il y a la lumière blanche, souveraine, dont la profonde poussée livre l'être des choses ; et puis en surface de brusques éclats, des jeux fugitifs, des éclairs qui viennent se poser sur la surface des objets, formant une touche soudaine, transitoire, vite éteinte, mordant sur un angle ou un renflement, mais laissant intactes, obstinément là, dans leur présence antérieure, les choses qu'elles font miroiter — sans les pénétrer jamais. Cette lumière seconde n'est jamais ni dans l'intervalle ni dans le fond des choses ; elle surgit sur chacune en une floraison hâtive : « des clartés rares et minces courent sur l'eau » ; devant une glace, sur une table de toilette, des ciseaux, les deux lames légèrement séparées l'une de l'autre, « sont couverts de reflets cassés et de clartés » ; sur le bateau, au fond de la mer, un homme s'appuie au bastingage, la main gauche refermée sur le tube de métal blanc qui court tout au long du pont ; à la première phalange de son annulaire, il porte une bague « qui lance, dans sa pose actuelle, un éclair ». Les objets prennent ainsi, dans cet espace morcelé et sans mesure, l'allure de phares intermittents : non qu'il s'agisse de signaler leur position, mais simplement, en cet instant, leur existence. Comme si la grande lumière neutre qui du fond de leur être les parcourt et les étale, brusquement se crispait, jaillissait en un point de leur surface, pour former, quelques secondes, une crête flamboyante. Le déploiement fondamental du visible est relancé à la surface par l'éclat contradictoire qui aveugle. Au fond le partage fait ici entre l'être lumineux et l'éblouissement de l'éclair forme un dessin familier aux techniques de Cantarel ; elles pouvaient en droit réanimer tout le passé et le rendre visible en son fond ; et pourtant seul venait à la surface l'éclat d'un instant, si privilégié, si déchiré qu'il surgissait comme une énigme devant un regard obscurci.

Et, d'éclat en éclat, l'inventaire se poursuit ; son mouvement, à vrai dire, est ambigu. On sait mal si le regard se déplace ou si les choses, d'elles-mêmes, se présentent. Il y a, dans ce spectacle, une giration équivoque (mi-inspection, mi-défilé) où tout a l'air fixe, regard et paysage, mais où sans repère, ni dessein, ni moteur, ils ne cessent de bouger l'un par rapport à l'autre. De là une figure étrange, à la fois rectiligne et circulaire. Circulaire, puisque tout est offert à la vue, sans point de fuite, sans dérobade possible, sans issue ouverte à droite et à gauche, comme dans la petite lentille enchâssée au milieu d'un porte-plume et qui enserre à son tour le minuscule disque de papier sur lequel sont reproduits la courbe de la plage et le dos convexe de la mer ; comme sur la rectangulaire étiquette rose qui enveloppe le ventre de la bouteille et dont les bords se rejoignent presque, laissant à peine une mince bande transparente de l'autre côté de l'image. Et le long de ces méridiens, les choses viennent à s'épanouir, formant à la surface du langage les cercles concentriques de leur être manifesté : fleurs qui ne cessent de s'élargir au plus proche de leur centre. Mais cette inépuisable richesse du visible a la propriété (corrélative et contraire) de s'effiler le long d'une ligne qui ne s'achève pas ; ce qui est tout entier visible n'est jamais vu tout entier, il offre toujours quelque chose d'autre qui demande encore à être regardé ; on n'est jamais au bout ; peut-être l'essentiel n'a-t-il pas encore été vu ou peut-être, plutôt, ne sait-on pas si on l'a vu, s'il n'est pas encore à venir dans cette prolifération qui ne cesse pas : ainsi sur l'en-tête du papier à lettres, parmi les promeneurs, les attelages, l'hôtel, les bateaux, les grooms qui courent, les marchands ambulants, comment pourrait-on savoir avant la fin que, sous le grand chapeau chinois du kiosque, ce groupe d'hommes assis, faisant autour de leurs instruments de rapides mouvements immobiles et muets, dessinaient, avec le négatif de la musique, la figure centrale de l'image ? C'est que les choses se présentent comme dans une cavalcade, en unités qui se pressent les unes contre les autres, formant une ligne droite virtuellement infinie, mais se rejoignant là-bas en ses deux extrémités, de telle sorte qu'on ne sait jamais, en regardant ces figures (comme en regardant *la Chasse* d'Uccello) si ce sont d'autres ou les mêmes, s'il y en a encore ou si déjà reviennent celles du début, si elles commencent ou si elles se répètent. Le temps est perdu dans l'espace ou plutôt il se retrouve toujours absolument dans cette impossible et profonde figure de la droite qui est un cercle : là ce qui n'a pas de fin se révèle identique à ce qui recommence.

Telle était la fête des morts dans *Locus Solus* et celle du temps retrouvé sur la plage d'Ejur. Mais là le retour était discursif et facilement analysable ; il y avait le passé et il y avait son recommencement ; il y avait la scène et il y avait le discours qui la répétait en l'expliquant ; il y avait les mots cachés et il y avait les machineries qui subrepticement les relançaient. Dans *la Doublure*, dans *la Vue*, ce qui répète est donné avec ce qui est répété, le passé avec son présent, le secret avec les silhouettes et la représentation avec les choses mêmes. De là le privilège de ces images ou vignettes que décrivent *la Vue, le Concert* et *la Source :* ce sont des reproductions mais si anonymes, si universelles qu'elles n'ont de rapport à aucun modèle ; elles ne représentent sans doute rien d'autre qu'elles-mêmes (on les reproduit sans qu'elles aient à être ressemblantes) ; leur répétition leur est intérieure. Le langage aussi parle spontanément dans toutes ces choses vues, sans qu'il y ait ce dédoublement des textes ultérieurs où se dissocient le langage dont la destruction fait naître, séparés les uns des autres, les machines ou les scènes, le discours qui les décrit dans le détail et celui enfin qui les explique. Un discours absolument sans épaisseur court à la surface des choses, s'ajustant à elles par une adaptation native, sans effort apparent, comme si la luminosité qui ouvre le cœur des êtres offrait de surcroît les mots pour les nommer :

Mon regard pénètre
Dans la boule de verre et le fond transparent
Se précise...
Il représente une plage de sable
Au moment animé, brillant. Le temps est beau.

A partir de là, on décrit facilement ce que l'on voit avec tant d'aisance ; mais de plus tout se met à parler avec une volubilité intarissable dans le cercle clair de la visibilité. Comme si le langage, soigneusement appliqué à la surface des choses pour les décrire, était relancé par une prolixité intérieure à ces choses elles-mêmes. Le vocabulaire laconique de la description se gonfle de tout le discours de ce qui d'ordinaire n'apparaît pas. Et peu à peu ce visible insolite et bavard occupe l'emplacement entier de la perception et l'ouvre pour un langage qui se substitue à elle ; tout se met à parler une langue qui est à la fois le visible et son contenu invisible devenu visible. De ces figures dessinées d'un trait, monte un pépiement aussi limpide que leurs silhouettes fixes, leurs doigts immobiles ; et il n'est pas près de cesser, ce bavardage, dans le bocal de verre où *la Vue* le tient enfermé, comme un coquillage le ressassement des vagues. Regardez comment parlent les gestes muets de cet homme

Qui s'avance entre deux femmes assez jolies ;
Chacune par plaisante attention a pris
Un de ses bras...
Pour appuyer avec force ce qu'il prétend
Il se démène et fait tout son possible ; il use
De la liberté courte, incertaine et confuse
Que gardent seulement ses mains et ses poignets...
Il tient à ce qu'on ait foi dans sa version
Et qu'on ne dise pas surtout qu'il exagère,
Qu'il traite son sujet de haut, à la légère,
Alors que justement, il serre de tout près
La vérité la plus stricte ; il a du succès ;
On le suit d'une oreille attentive ; il provoque
De la bonne humeur ; grâce aux scènes qu'il évoque
Des fous rires secouent les épaules.

Ainsi entre les deux bords de la perception (trois silhouettes bras dessus, bras dessous, des corps secoués par le rire) tout un monde verbal se dilate qui amène l'imperceptible en pleine lumière et la chose simple qui semblait grâce aux mots jaillir sous le regard, voilà qu'elle s'éparpille maintenant, au point de disparaître presque, dans ce foisonnement qui émane d'elle. C'est la figure inverse du procédé : du langage dédoublé et disloqué, celui-ci faisait naître tout un espace de fleurs étranges, métalliques et mortes dont la croissance silencieuse cachait le battement répétitif des mots. Dans *la Vue* et les textes qui lui sont apparentés, ce sont les choses qui s'ouvrent par le milieu et font naître de leur plénitude, comme par un surcroît de vie, toute une prolifération du langage ; et les mots d'une rive à l'autre des choses (des mêmes choses) font apparaître un monde quotidien, enfantin souvent, de pensées, de sentiments, de murmures bien connus, tout comme dans le vide qui sépare un mot de lui-même quand il est répété, le procédé jetait la masse de ses machineries jamais vues, mais offertes sans mystère au regard.

Et pourtant ce monde de l'absolu langage est, en un certain sens, profondément silencieux. On a l'impression que tout est dit, mais qu'au fond de ce langage quelque chose se tait. Les visages, les mouvements, les gestes, jusqu'aux pensées, aux habitudes secrètes, aux penchants du cœur, sont donnés comme des signes muets sur fond de nuit.

On entend un cheval immobile hennir
Loin aussi, par là-bas. Lui, sans la prévenir
Pour la faire tourner complètement la pousse
Du bras droit, lentement, par une étreinte douce

*Pendant qu'en la prenant de sa main gauche, il la
Toujours sans paroles, la regardant. Il vient   [retient
Lui, de s'arrêter là, mais sans qu'elle comprenne
Encore ce qu'il veut ; maintenant il l'entraîne
Plus fort, en la faisant tourner autour de lui
En lui donnant toujours son bras pour point d'appui
Et presque sans savoir comment elle se trouve
Dans le sens opposé. Lui, longuement, la couve
Du regard, sans parler, en gardant son même air.
Ils repartent avec, à leur gauche, la mer.*

Rien d'autre en ce détour final (c'est lui qui termine le Carnaval de Nice) que l'ouverture première des mots et des choses, leur commune venue à la lumière et cet arrêt, un corps qui pivote, l'interversion de toutes les perspectives — la même chose dans l'autre sens, c'est-à-dire la fermeture de ce qui était ouvert, enfin la disparition de ce qui venait d'apparaître : voilà toute la visibilité énigmatique du visible et ce qui fait que le langage est de même naissance que ce dont il parle. Mais que faisait le procédé, sinon cela précisément : parler et donner à voir dans un même mouvement ? Bâtir comme une machine prodigieuse et mythique cette sourde naissance ? Dans *Comment j'ai écrit certains de mes livres*, une phrase est d'un poids singulier : « Je fus conduit à prendre une phrase quelconque dont je tirais des images en la disloquant, un peu comme s'il se fût agi d'en extraire des dessins de *rébus*. » C'est-à-dire que le langage est ruiné pour que ses blocs épars figurent des imagesmots, des images porteuses d'un langage qu'elles parlent et cachent à la fois, de manière qu'un second discours en naisse. Ce discours forme un tissu où la trame du verbal est déjà croisée avec la chaîne du visible. Ce prodigieux et secret entrecroisement d'où émergent tout langage et tout regard, c'est lui que le procédé cache sous le récit des *Impressions* et *Locus Solus*. C'est lui que révèle *Comment j'ai écrit*. Dans *la Vue, le Concert* et *la Source,* il est ce Visible-Parlant fixé par un artifice anonyme sur un morceau de papier avant que personne ait regardé ou parlé.

Il est plus précisément cette lentille qui enchâssée dans le porte-plume souvenir offre la rotondité d'un paysage infini. Merveilleux outil à construire les mots qui, en une générosité essentielle, donne à voir : dans un mince morceau d'ivoire blanc, long et cylindrique, se terminant vers le haut par une palette avec une inscription un peu délavée et vers le bas par une gaine de métal tachée d'encre, une lentille guère plus étendue qu'un point brillant ouvre au milieu de cet instrument fabriqué pour dessiner sur du papier des signes arbitraires, non moins contournés que lui, un espace de choses simples, lumineuses et patientes. Le porte-plume de *la Vue,* c'est celui-là et nul autre qui écrira les œuvres à procédé ; car il est lui-même le procédé, disons plus exactement son *rébus* : une machine à faire voir la reproduction des choses, insérée dans un instrument à langage.

Le lacis de choses et de mots d'où naissent, champignons sans espèces, les figures des *Impressions* et du *Lieu Solitaire* et qui demeure en ces textes obstinément caché, il est visible naïvement là où il est fait pour être vu ; il est même désigné en un redoublement de scandale dans le texte qui s'appelle, pour que nul ne s'y trompe, *la Vue*. Et on reconnaît en cet instrument à mots, en cette lentille à voir, en ce paysage indéfiniment bavard, un autre métier à aubes. Mais plus matinal celui-là ; c'est le procédé dès l'aurore, à l'état naïf et sauvage ; le procédé sans procédé, si éclatant qu'il est invisible. L'autre, celui de midi, il faudra bien le cacher pour qu'on puisse le voir. Et c'est peut-être son dédoublement qui fera ombre sur ce qui était sans voile.

Mais on peut remonter plus haut dans le matin du langage et des choses : jusqu'à ce premier éclat qu'on voit luire au début de *la Doublure ;* éclat qui avant même d'offrir les choses en leur plénitude, les dédouble subrepticement et les déchire de l'intérieur. Cet éclair premier, c'est celui qu'on voit briller un instant lorsque l'acteur, au début du texte, cherche dans une attitude solennelle et dérisoire à introduire la lame d'une épée dans son fourreau :

> *D'un grand geste*
> *Exagéré, levant sa main gantée en l'air*
> *Il abaisse la lame en lançant un éclair*
> *Puis cherche à la rentrer, mais il remue et tremble*
> *Ses mains ne peuvent pas faire toucher ensemble*

*La pointe avec le haut du fourreau noir en cuir
Qui tournent tous les deux en paraissant se fuir.*

Cette minuscule maladresse, cet accroc dans le geste simple déchire sur toute sa longueur le tissu des choses : le spectacle aussitôt décolle de lui-même, l'attention des spectateurs est à la fois redoublée et décalée : leur regard ne se détache point du spectacle qui leur est offert, mais ils y reconnaissent cet imperceptible interstice qui le fait pur et simple spectacle : le spadassin à rapière n'est qu'un acteur, son arme un accessoire ; la colère n'est qu'une feinte ; son geste solennel a été mille fois répété et révèle qu'il est pure répétition par ce mince décalage qui le rend différent de tous ceux qui l'ont précédé. Mais ce spectacle, dédoublé par sa nature même, est encore plus profondément double : le mauvais acteur n'est qu'une doublure et voulant prendre le rôle du grand acteur qu'il remplace, il manifeste seulement sa médiocrité de doublure. C'est dans cet espace du double ouvert par l'accroc initial que le récit va prendre sa dimension.

Après l'épisode du geste maladroit, on passe de l'autre côté du théâtre, dans les coulisses ; puis dans l'envers d'une vie d'acteur (la chambre misérable, la douteuse maîtresse : elle s'est éprise de Gaspard en le voyant dans un rôle de voyou qu'il est incapable de tenir dans la réalité ; mais elle se laisse entretenir par de plus riches amants, dont Gaspard, là encore, n'est que la doublure). L'épisode central est situé à Nice pendant un après-midi de Carnaval, au moment du défilé des masques — ces doubles de carton que Gaspard et Roberte contemplent sans s'y mêler, portant sur eux un regard dédoublant, mais étant eux-mêmes dédoublés puisqu'ils sont spectateurs masqués. Le soir, après le défilé, ils parcourent les rues jonchées de confetti, refusant de prendre part à la fête qui continue ailleurs, pour pouvoir rester seuls ; c'est l'envers du Carnaval ; c'est dans la nuit calme la face sombre de ce jour bruyant — quand soudain éclate le feu d'artifice qui dédouble l'ombre, fait le soleil en pleine nuit et inverse l'ordre des choses. Aux dernières pages, Gaspard est devenu acteur sur une scène ambulante de la foire de Neuilly : caricature dernière des carnavals et des théâtres ; entre la foule qui se bouscule à chercher un spectacle, et les décors de carton, il est là, sur ce carré de planches sans rideau qui est pour l'instant une scène vide — visible envers d'une pièce qu'on ne joue pas encore. Doublure dédoublée, il n'est plus rien qu'un silence, un regard, des gestes ralentis qui se déploient dans l'espace vide d'en dessous des masques.

Gaspard avance un peu sur l'estrade et voyant
Traîner avec les deux pieds en l'air une chaise
A gauche, un peu plus loin que l'escalier, mauvaise
Comme paille ; il la prend par un pied d'abord
Puis saisit le dossier, la posant au bord
Pour ainsi dire, très en avant sur l'estrade
Et le dossier tourné contre la balustrade
Il s'y met à cheval croisant sur le dossier
Très plat et droit qu'il sent un peu lui scier

*Ses bras qu'il a serrés bien fort, puis il allonge
De nouveau le regard dans le vague.*

Assis, sur une scène déserte — ni tout à fait homme ni exactement acteur —, dépouillé de toutes ses doublures, mais aussi dédoublé de lui-même, Gaspard est exactement le moment neutre qui sépare et joint le doublant et le doublé ; son existence dessine la ligne noire qui se glisse entre le masque et le visage qu'il cache.

Toute la description du défilé (elle occupe plus de deux cents pages) se loge dans ce minuscule interstice. Apparemment elle ne raconte des masques que leurs couleurs et leurs formes les plus visibles, leur pouvoir d'illusion. Mais elle ne manque jamais d'en montrer la faille légère (imperfection, accroc, détail sans vraisemblance, caricature exagérée, usure, plâtre qui s'écaille, perruque déplacée, colle qui fond, manche relevée du domino) par quoi le masque se dénonce comme masque : double dont l'être est dédoublé et ramené par là à ce qu'il est simplement.

Les figures de carton représentent à merveille ce qu'elles veulent dire. Ce gros cylindre bleu, avec ses reflets et ses ombres, c'est à s'y méprendre le flacon du pharmacien (ici, comme dans la lentille mais en sens inverse, les disproportions s'inscrivent facilement dans l'être des choses) ; ce gros homme qui titube, avec un énorme visage rouge, comment ne pas voir que c'est un ivrogne ? Mais à mesure qu'il approche, on aperçoit plus nettement « entre les coins très écartés du col » et sous une « pomme d'Adam proéminente et saillante » une petite lucarne noire qui indique la place de la véritable figure et la fenêtre par où le regard prend jour. De même dans le flacon du pharmacien, on découvre vite

Une entaille très sombre, en rectangle, qui s'ouvre
Juste sur l'étiquette au milieu ; c'est le trou
Qu'on ne soupçonne pas d'abord, de loin, par où
L'homme enfermé dont seul en dessous par l'espace
De la bouteille au sol, le bas des jambes passe
Peut, pour se diriger parmi la foule, voir.

C'est là, en cette nécessaire ouverture, que se résume toute la nature ambiguë du masque : elle permet en effet à celui qui se masque de voir (les autres et le monde ne sont plus masqués pour lui) et de voir ainsi l'impression que fait son masque (celui-ci devient indirectement visible à ses propres yeux) ; mais si les autres à cause d'elle sont vus par le masque, à cause d'elle aussi ils voient que c'est un masque et rien de plus. Cette minuscule béance par quoi le masque s'effondre est en même temps ce qui l'offre pleinement au regard et le fonde dans son être véritable. Accroc qui dédouble le double et le restitue aussitôt en sa merveilleuse unité.

Or ce jeu d'en dessous du masque se trouve au-dessus de lui répercuté et porté au second degré par le langage ; les masques brandissent des pancartes qui par un curieux redoublement énoncent ce qu'ils sont visiblement pour tous. « Je suis enrhumé » porte inscrit au-dessus de sa tête celui dont le nez rougeoyant ne laisse déjà aucun doute au spectateur ; entre les bras d'une mère blanche un enfant noir annonce : « le nouveau-né dénonciateur ». Comme si le rôle du langage était, en doublant ce qui est visible, de le manifester, et de montrer par là qu'il a besoin pour être vu d'être répété par le langage ; le mot seul enracine le visible dans les choses. Mais d'où tient-il son pouvoir puisqu'il est peint, lui aussi, sur les cartons du carnaval ? Ne serait-il pas analogue à un masque multiplié par lui-même et doué, comme l'accroc du regard, d'une étrange capacité : celle de faire voir le masque, de le dédoubler au moment même de manifester son être simple. Il a beau être brandi au-dessus des masques : comme la lucarne du regard, le langage est cet interstice par lequel l'être et son double sont unis et séparés ; il est parent de cette ombre cachée qui fait voir les choses en cachant leur être. Il est toujours plus ou moins un *rébus*.

Le poème offre plusieurs exemples de ce langage-rébus où les mots font corps avec les choses en un réseau non dissociable mais ambigu. Il s'agit par exemple d'une tête énorme, ouvrant tout grand la bouche pour chanter une *Marseillaise* qu'on n'entend pas (mais on le sait puisqu'il porte un écriteau avec des notes de musique : « un seul dièse » et « plusieurs *rés* ») ; il marche

avec une allure guerrière
N'ayant qu'un très petit bourrelet de cheveux
Et chauve immensément sans avoir l'air vieux.

Il tient à bout de bras un drapeau tricolore sur lequel il a écrit : « Je suis chauve, hein ! »

Ceux qui n'ont pas d'affinité avec les jeux du langage penseront de ce « calembour » ce qu'ils voudront. Qui a lu Roussel ne pourra s'empêcher de le juger bien remarquable : on y retrouve point par point le dessin de la demoiselle à reître en dents ou de la baleine à ilote. Il s'agit de la même figure d'un langage dédoublé à l'intérieur duquel vient se loger une scène visible produite par le seul appel de cette distance. Mais si l'on songe qu'ici les deux homonymes sont présents et perceptibles, que la figure est visiblement amphibologique (calvitie et chauvinisme s'y juxtaposent de façon claire), qu'elle constitue un rébus à double sens, qu'elle est enfin un masque où se croisent l'être et l'apparence, le « voir » et « l'être vu », le langage et le visible, il faut bien reconnaître qu'on a là comme le modèle préalable et minuscule du procédé. Modèle entièrement visible, le procédé n'étant que cette même figure cachée pour une moitié.

Toute l'œuvre de Roussel, jusqu'aux *Nouvelles Impressions,* pivote autour d'une expérience singulière (je veux dire qu'il faut mettre au singulier) : le lien du langage avec cet espace inexistant qui, en dessous de la surface des choses, sépare l'intérieur de leur face visible et la périphérie de leur noyau invisible. C'est là entre ce qu'il y a de caché dans le manifeste et de lumineux dans l'inaccessible que se noue la tâche de son langage. On comprend bien pourquoi Breton et d'autres après lui ont perçu dans l'œuvre de Roussel comme une obsession du caché, de l'invisible, du reculé. Mais ce n'est pas que son langage ait voulu celer quelque chose ; c'est que d'un bout à l'autre de sa trajectoire, il a trouvé sa constante demeure dans le double caché du visible, dans le double visible du caché. Loin de faire, comme la parole des initiés, un partage essentiel entre le divulgué et l'ésotérique, son langage montre que le visible et le non-visible indéfiniment se répètent, et que ce dédoublement du même donne au langage son signe : ce qui le rend possible dès l'origine parmi les choses, et ce qui fait que les choses ne sont possibles que par lui.

Mais cette ombre douce qui, au-dessous de leur surface et de leur masque, rend les choses visibles et fait qu'on peut en parler, n'est-ce pas dès leur naissance, la proximité de la mort, de la mort qui dédouble le monde comme on pèle un fruit ?

7

LA LENTILLE VIDE

A l'autre extrémité de l'œuvre de Roussel, échappant à ce règne du procédé que *la Vue* ni *la Doublure* ne connaissaient encore, formant au-delà d'Ejur et du Lieu Solitaire, une plage aussi énigmatique que la première et, comme elle, secrète d'être sans secret, il y a les *Nouvelles Impressions d'Afrique*. Roussel leur a consacré plus de temps qu'il n'en avait fallu pour les *Impressions* et *Locus Solus,* plus que n'en avaient requis *la Vue* et *la Doublure* : il y a travaillé de 1915 à 1928. Roussel cependant invite le lecteur de *Comment j'ai écrit certains de mes livres* à faire le calcul suivant : si, des treize ans et six mois qui s'étendent du début à l'achèvement des *Nouvelles Impressions,* vous retirez les dix-huit mois consacrés à *l'Etoile au Front* et à *Poussière de Soleils* et si, des douze années qui restent, par une nouvelle parenthèse, vous soustrayez cinq fois trois cent soixante-cinq jours (absorbés par un travail préalable, maintenant disparu de l'œuvre et demeurant en manuscrit) eh bien, « je constate qu'il m'a fallu sept ans pour composer les *Nouvelles Impressions d'Afrique* telles que je les ai présentées au public ». Le sens de ce calcul n'apparaît pas très clairement : s'agit-il de montrer ce que fut le labeur ? ou bien grâce à des soustractions opportunes de retrouver le cycle des sept années qui fut bien celui de *la Doublure* et de *la Vue* (1897-1904) puis celui des *Impressions* et de *Locus Solus* (1907-1914), la dernière œuvre formant ainsi, quand on l'allège de ce qui n'est pas essentiel, le troisième des septennats qui divisent (naturellement ou de propos délibéré) la vie de Roussel ? Ou peut-être aussi s'agit-il de rendre sensible le système de parenthèses dans lequel cette œuvre — elle-même à parenthèses — se trouve prendre les autres et être prise à son tour : symétrique aux premiers textes, elle enferme les œuvres qui sont soumises au procédé dans une sorte de parenthèses qui à la fois les exalte et les met à part. De même, elle forme crochet autour des deux pièces de théâtre, écrites l'une et l'autre pendant l'immense labeur de sa composition, mais selon une tout autre technique. Quant au travail de cinq années qui avait inauguré l'œuvre et ouvert ses parenthèses, il a été laissé entre des signes qui l'élident et le laissent en silence au-dessous de l'œuvre qu'il a déclenchée. Le merveilleux, c'est que ce jeu de parenthèses, qui sert, à n'en pas douter, de signe aux *Nouvelles Impressions,* offre comme reste irréductible le chiffre sept. Mais prenons-le comme il se donne et écoutons Roussel.

« Les *Nouvelles Impressions d'Afrique* devaient

contenir une partie descriptive. Il s'agissait d'une minuscule lorgnette-pendeloque, dont chaque tube, large de deux millimètres et fait pour se coller contre l'œil, renfermait une photographie sur verre, l'une celle des bazars du Caire, l'autre celle d'un quai de Louqsor.

« Je fis la description en vers de ces deux photographies. C'était en somme un recommencement exact de mon poème *la Vue*.

« Ce premier travail achevé, je repris l'œuvre dès son début pour la mise au point des vers. Mais au bout d'un certain temps, j'eus l'impression qu'une vie entière ne suffirait pas à cette mise au point, et je renonçai à poursuivre ma tâche. Le tout m'avait pris cinq ans de travail. »

Ce texte est énigmatique. Les pages qui sont consacrées dans *Comment j'ai écrit* aux œuvres à procédé sont brèves, mais d'une brièveté lumineuse qui, en s'autorisant à ne pas tout dire, ne laisse rien dans l'ombre : elles sont absolument positives. Celles-ci sont négatives — indiquant que les *Nouvelles Impressions* ne sont pas construites selon le procédé, qu'elles ne décrivent pas une vue enchâssée dans une lorgnette-pendeloque, qu'elles laissent de côté cinq années de travail, qu'elles ont coûté un labeur considérable... Comme si Roussel ne pouvait parler que de l'ombre de cette œuvre, de cette part d'elle-même que fait disparaître l'éclat de son langage réellement écrit — sa bordure noire. Sans doute, la révélation du secret d'écriture qui avait fait naître les *Impressions* et

Locus Solus mettait-elle à la lumière ce qui était resté dans l'ombre, mais cette ombre était intérieure au langage lui-même ; il en formait le noyau nocturne, et le faire surgir c'était faire parler l'œuvre dans sa positivité première. Pour les *Nouvelles Impressions*, la mise au jour est — ou paraît — extérieure, décrivant l'œuvre à partir de ce qu'elle exclut, ouvrant pour la définir une parenthèse qui demeure vide. On dirait qu'en cette dernière page de la révélation, par un jeu qui surprend et inquiète, Roussel, devant notre œil, a placé une lunette dont la lentille serait grise.

Il est vrai que l'architecture de la dernière œuvre est aussi évidente que celle des premières. Facile à saisir, difficile seulement à expliquer. Soit un groupe de cinq alexandrins :

Rasant le Nil, je vois fuir deux rives couvertes
De fleurs, d'ailes, d'éclairs, de riches plantes vertes
Dont une suffirait à vingt de nos salons,
D'opaques frondaisons, de fruits et de rayons.

Après ces vingt salons (tous ornés par la verdeur d'une plante unique) ouvrons une parenthèse (peu importe pour l'instant la raison et ne disons pas trop vite qu'il s'agit de préciser, d'expliquer, etc...) :

                         à vingt de nos salons
(Doux salons où sitôt qu'ont tourné les talons
Sur celui qui s'éloigne on fait courir maints bruits)
D'opaques frondaisons, de rayons et de fruits.

Une heureuse transposition dans le dernier hémistiche restitue une rime favorable. Sur la trace des deux talons, s'ouvre une seconde parenthèse :

(*Doux salons où sitôt qu'ont tourné deux talons
((en se divertissant soit de sa couardise
Soit de ses fins talents, quoi qu'il fasse ou qu'il dise))
Sur celui qui s'éloigne on fait courir maints bruits*)
D'opaques frondaisons, de rayons et de fruits.

Et la croissance continue à l'intérieur du texte :

(*Doux salons où sitôt qu'ont tourné deux talons
((En se divertissant soit de sa couardise
(((Force particuliers quoi qu'on leur fasse ou dise
Jugeant le talion d'un emploi peu prudent
Rendent salut pour œil et sourire pour dent*))).

De toute façon le poème se terminera sur l'opaque frondaison, les rayons et les fruits dont le spectacle forme, avec les ailes, les éclairs, les fleurs et les plantes vertes (par-delà la forêt concentrique des parenthèses) la visible lisière du poème. L'épaississement peut proliférer jusqu'au degré quintuple : cinq parenthèses enfermant un langage qu'on dira de degré 5, la phrase originelle étant de degré zéro.

Mais il y a des formes latérales de buissonnement : à l'intérieur de la parenthèse à quatre branches peuvent se juxtaposer (en demeurant extérieurs l'un à l'autre) deux bourgeons à enveloppement quintuple. Deux, ou trois, ou davantage encore. De même le degré trois peut porter plusieurs systèmes quadruples, le deux plusieurs systèmes triples, etc. Il faut ajouter les tirets, sortes de parenthèses timides, à peine esquissées et horizontales qui jouent alternativement, ou tout ensemble parfois, un rôle de liaison ou de rupture faible : tantôt ils unissent les termes analogues d'une énumération, tantôt ils indiquent une incise discrète (formant comme un demi-degré d'enveloppement), pour évoquer, par exemple :

> ... *Une eau — poison dont rien ne sauve*
> *Le microbe sournois chargé de rendre chauve —*
> *Capable d'affamer les vendeurs de cheveux.*

Enfin, il y a au bas des pages, et comme à la racine du texte, un riche embranchement de notes, souvent fort longues : la quatrième partie des *Nouvelles Impressions* ne compte que quatre-vingt-quinze vers de texte, mais cent trente quatre de notes. Celles-ci, en alexandrins, sont aménagées de telle sorte que le lecteur, pourvu qu'il les lise scrupuleusement à l'endroit indiqué, trouve une suite régulière de rimes (le premier vers de la note rimant avec le vers du texte sur lequel elle vient se greffer, si du moins celui-ci ne rime pas avec le précédent ; et le dernier vers de la note, s'il reste en suspens, rimera avec le premier du texte à l'endroit où on le reprend) ; il arrive même que la note interrompe le cours d'un alexandrin : ses premiers mots alors le complètent, le passage à la note ne formant guère qu'une césure appuyée. Quant à la note elle-même, elle croît selon un système de végétation semblable à celui du texte, un peu moins vigoureux cependant puisqu'il ne dépasse jamais le système des triples parenthèses.

Ainsi la note qui, à la page 209, commence fièrement par ce vers :

Nul n'est sans caresser un rêve ambitieux

prend naissance en un passage du texte fortifié déjà par quatre parenthèses et un tiret (c'est le degré quatre et demi) ; sa croissance forme elle-même un système à trois enveloppes et un tiret (degré quatre et demi, puisque la note est, de soi, un degré). On arrive donc, au cœur de ce labyrinthe verbal, guidé par le droit fil des vers et des rimes, au neuvième degré d'enveloppement — degré suprême jamais atteint en aucun autre sommet des *Nouvelles Impressions*. En ce haut lieu des mots, si protégé dans sa réserve, si exalté aussi par l'étagement pyramidal des niveaux de langage, à la fois au plus profond et au plus haut de cette tour qui se creuse en même temps comme les couloirs d'une mine, se formule une leçon qu'il est sans doute essentiel d'entendre après un itinéraire qui a conduit à travers tant de seuils, tant d'ouvertures et de fermetures, tant de discours fracturés, jusqu'à la question de la parole et du silence :

De se taire parfois riche est l'occasion.

Et s'il n'y a pas de degré dix dans cette croissance du langage qui se développe en reculant vers son centre, c'est peut-être qu'il est l'occasion saisie et gardée de se taire — occasion aussi riche qu'un trésor et comme lui inaccessible.

Je sais ce qu'on ne manquera pas de me dire, et contre moi : les neuf murailles à franchir, les neuf formes de l'épreuve, les neuf années de l'attente, les neuf étapes du savoir, les neuf portes verrouillées puis ouvertes, à quoi conduisent-elles, sinon au secret initiatique, au moment promis et réservé de l'illumination ? Mais par méthode et entêtement, je m'en tiens aux structures, notant seulement que selon les règles de l'harmonie (que Roussel connaissait) un accord de neuvième ne saurait monter, et gageant que cette forme de la neuvaine, on peut la retrouver ailleurs dans l'œuvre de Roussel, donnant à son langage non pas un thème, mais un nombre et un espace à partir de quoi il parle.

Admirons pour l'instant une autre énigme. Roussel a calculé qu'il avait en moyenne travaillé quinze heures sur chaque vers des *Nouvelles Impressions*. Cela, on le comprend sans peine, quand on songe que chaque cercle nouveau s'inscrivant dans l'aubier du poème exigeait un réajustement d'ensemble, le système ne trouvant son équilibre qu'une fois fixé le centre de cette végétation circulaire où le plus récent est aussi le plus intérieur. Cette croissance interne ne pouvait pas manquer d'être en chacune de ses poussées absolument bouleversante pour le langage qu'elle dilatait. L'invention de chaque vers était destruction de l'ensemble et prescription de le reconstruire.

Rien de plus difficile que la réduction de cette turbulence toujours reconduite, quand on la compare au travail de *la Vue* où le langage avait pour tâche de suivre fidèlement la ligne des choses et, par additions successives, de serrer la méticulosité de leurs détails. Aussi ardue qu'ait été cette fidélité patiemment bâtie, quelle commune mesure avec une permanente destruction du langage par lui-même ? Quel est le plus inépuisable de ces deux labeurs : décrire une chose ou construire un discours que chaque mot qu'il fait naître abolit ? Et pourtant Roussel a choisi le second, se sentant incapable d'arriver au terme du premier, dont l'achèvement — il en avait l'impression après avoir travaillé cinq ans — aurait demandé sans doute « une vie entière », et plus. Etrange impossibilité de parvenir à nouveau, douze ans après, à ce que *la Vue, le Concert, la Source* avaient fait sans apparente difficulté. D'autant plus étrange qu'elle concerne moins la description et le rapport, difficile en lui-même, des mots aux choses que « la mise au point des vers ». Les alexandrins de *la Vue,* infatigablement chevillés, avaient montré cependant que Roussel faisait voguer avec aisance des « barques sans importance, minimes », d'autres animées « de mouvements semblant spéciaux, divers » ; qu'il laissait sans scrupules se promener des hommes dont « le découragement est radical, complet » (raison de s'accouder contre le « parapet »), et finalement, de chevilles en chevilles, *la Vue* avait tendu le plus économique, le plus indispensable des langages, le plus « réussi » également, sur

> *Le souvenir vivace et latent d'un été*
> *Déjà loin de moi, déjà mort, vite emporté.*

Alors pourquoi, soudain, cette ouverture d'une dimension infranchissable, entre la description et la poésie, et peut-être simplement entre la prose et les vers ? Pourquoi cette rupture d'alliance entre deux formes du langage qui se trouvent, comme à la suite d'un effondrement intérieur, séparées par le vide d'un temps que le temps d'une existence ne parvient plus à remplir ? Et pourquoi entre ces deux extrêmes, maintenant irréconciliables, avoir choisi l'enchevêtrement décrit plus haut des parenthèses et des vers, et laisser reposer en silence, au fond du texte, sans qu'elle apparaisse jamais, la description qui lui a donné naissance ?

Autre question : pourquoi ce texte s'appelle-t-il, si bruyamment, *Nouvelles Impressions d'Afrique,* se donnant ainsi comme répétition d'une œuvre avec laquelle il n'a semble-t-il que peu de rapports, et d'autant moins qu'il n'est pas construit comme l'autre, selon le procédé ? Je ne pense pas que les évocations enveloppantes mais fugitives de Damiette, de Bonaparte aux Pyramides, du Jardin de Rosette, ni même celle de la colonne léchée du temple d'Aboul-Maateh suffisent à justifier un titre qui se rapporte, beaucoup plus qu'à l'Afrique, aux incomparables prouesses d'Ejur-sur-le-Tez. Quel est donc le lien énigmatique qui est noué entre les *Nouvelles Impressions,* les anciennes (que le titre renouvelle avec éclat mais sans explication), et *la Vue* (qui sert de modèle à une première rédaction demeurée secrète et dont le proche voisinage n'a été révélé que par Roussel lui-même) ? On a le sentiment que les *Nouvelles Impressions* répètent à la fois le couronnement de Talou et la plage ensoleillée du porte-plume de nacre blanche, mais sur un mode demeuré mystérieux que ni le texte ni *Comment j'ai écrit* n'éclairent directement: Comment ne serait-elle pas difficile à concevoir, cette répétition dont le discours doit couvrir une si grande distance : celle qui sépare la construction de machines à répéter secrètement les mots (tout en triomphant du temps) et la description attentive d'un monde (invisiblement visible) où s'abolit l'espace ?

Les quatre chants des *Nouvelles Impressions* sont cernés, à leur limite extérieure par de minces anneaux de visibilité. La porte de la maison où saint Louis fut enfermé ouvre le premier qui se ferme sur les « frustes cathédrales », « l'original cromlech » et « le dolmen sous lequel le sol est toujours sec ». Une colonne à langues jaunâtres marque le seuil du troisième. On sait déjà entre quelles rives, quelles ailes, quelles palmes à salon s'écoule le dernier. La couronne lumineuse du second est comme l'image du livre tout entier : le petit chapeau noir de Bonaparte fait éclater, comme un soleil éclipsé et sombre, des rayons dont la gloire obscurcit l'Egypte, « ses soirs, son firmament ». C'est de la même façon que les parenthèses, ouvertes dès les premiers vers, occultent de leur disque noir le spectacle donné dans les lentilles de la lunette, laissant seulement au pourtour du poème une frange lumineuse — celle qui retient le regard pour lui offrir des oiseaux rapides, la silhouette d'une colonne sur le ciel, un ciel qui s'éteint. *La Vue* était construite sur le modèle exactement inverse : au centre, une lumière équitable y déployait les choses sans réticence ni ombre ; tout autour — avant et après cette offrande lumineuse — s'arrondissait un anneau de brume : l'œil, faisant glisser dans l'ombre tout ce qui n'était pas spectacle, s'approchait de la lentille ; tout y était gris d'abord, mais, comme un phare qui apporterait sa propre lumière, le regard pénétrait dans la boule de verre et le fond précisait son dessin ; le disque de la plage s'ouvrait comme un blanc soleil de sable. A la fin, peut-être, la main patiente avait-elle tremblé : « l'éclat décroît au fond du verre et tout devient plus sombre ». Dans les *Nouvelles Impressions,* c'est le soleil qui est à l'extérieur et qui gicle sur les bords de la nuit centrale ; dans *la Vue,* l'ombre s'écartait comme un rideau pour laisser la lumière naître de son foyer.

Et tout comme l'absence de perspective multipliait dans *la Vue* l'effet de la lumière homogène, dessinant de petites cellules d'égale clarté, l'éclipse des *Nouvelles Impressions* est rendue plus sombre par un effet contraire de perspective extrêmement profonde et rapide : l'ouverture des parenthèses successives creuse vers un point de fuite, qui paraît inaccessible, le spectacle premier, chaque rupture faisant passer soudain le regard à un plan ultérieur, fort enfoncé parfois dans l'espace, jusqu'à ce que la phrase-horizon enfin atteinte (mais on n'est jamais sûr qu'elle l'est) le ramène par un nombre exactement identique de degrés jusqu'à l'angle droit du tableau où se trouve pour un instant la clarté du début qui avait éclairé hâtivement le mince portique de gauche. Cette échappée du texte vers un centre éloigné est accentuée en chacun de ses points par la forte déclivité des phrases. Celles-ci dans *la Vue* étaient horizontales et lisses ; elles se déroulaient selon un plan exactement parallèle au spectacle et au mouvement de l'œil qui le parcourait ; leur rapidité sans ellipse ni raccourci ne se proposait que d'unir avec la plus grande économie verbale les moins visibles de toutes les figures du visible ; il s'agissait de coudre au plus juste les choses avec les mots, dans un geste où la prestesse est jointe à la lenteur, la hâte à une apparente flânerie, le droit fil à la ligne sinueuse — un peu comme le mouvement de la couturière décrit dans des phrases qui obéissent à la même courbe que lui :

> *Un dé*
> *Brille à son doigt ; avec l'extrémité du pouce*
> *Elle l'écarte par une pression douce*
> *Et le soulève un peu, seulement pour laisser*
> *De l'air nouveau, plus vif, plus frais, s'y glisser*
> *L'aiguille qu'elle tient en même temps dessine*
> *Sur l'ouvrage son ombre appréciable et fine*
> *Dont les côtés sont flous et débordants ; le fil*
> *Très court, ne pouvant plus durer est en péril*
> *De séparation soudaine ; pour qu'il sorte*
> *De l'aiguille, la moindre impulsion trop forte*
> *Suffirait bien ; l'ouvrage est en beau linge fin*
> *Le fil part d'un ourlet mou qui tire à sa fin ;*
> *Le linge se chiffonne, obéissant et souple,*
> *Manié fréquemment...*

Les phrases des *Nouvelles Impressions* sont de structure très différente, dessinant volontiers dans leur syntaxe le procédé d'enveloppement dans lequel elles sont prises et bien souvent rompues — de sorte qu'elles forment comme le minuscule modèle du texte entier. Voici par exemple la question que ne saurait manquer de se poser, quand il s'étonne de n'avoir à frapper jamais que les deux boules d'ivoire blanc et commun, le geste qui anime une queue de billard (ce que Roussel appelle le « procédé frappeur ») :

> *Pourquoi fière la bille*
> *Point ne fraie avec lui qui de rouge s'habille.*

Cette enveloppée question montre avec quel soin le

sens et les choses sont enveloppées dans le langage à la fois elliptique et métaphorique qui les habille fièrement, comme le rouge la bille. Les objets ne sont point donnés pour ce qu'ils sont et là où ils demeurent, mais décrits à leur plus extrême superficie, par un lointain et anecdotique détail qui en les désignant du bout du doigt les laisse à l'intérieur d'une parenthèse grise qu'on peut atteindre par une démarche plus ou moins labyrinthique, mais d'où jamais ils ne sortent par eux-mêmes : le savon n'offre son corps glissant (dont Fogar, on s'en souvient, manifestait avec tant d'adresse les qualités premières, les formes simples, l'être à la fois fuyant et docile) que sous deux formes — l'une métonymique : « ce qui le décrassage aidant rend le bain flou », l'autre métaphorique : « ce qu'un chauffé sous-ordre écoute ». Le noir sujet de Talou qu'on voyait gambader, toutes plumes dehors, autour de ses incomparables prisonniers, voilà qu'il devient un « emplumé rôtisseur d'humains propriétaire d'un arc ». Le Paradis, lui, c'est un « là-haut bien habité séjour fleuri rendant les justes choristes », à moins qu'on préfère y reconnaître un « puant cintre ». Ainsi la désignation des choses se disperse à leur périphérie, libérant simplement un anneau lumineux et énigmatique qui tourne autour d'un disque sombre où se cache l'être simple avec le mot droit. Le langage est devenu circulaire, enveloppant ; il parcourt en hâte de lointains périmètres, mais il est attiré sans cesse par un centre noir jamais donné, perpétuellement fuyant — perspective qui se prolonge à l'infini, au creux des mots, comme la perspective du poème entier s'ouvrait à la fois à l'horizon et au milieu du texte.

Depuis *la Vue,* la configuration du langage a pivoté : là-bas, il s'agissait d'un langage en ligne qui s'épanchait doucement hors de lui-même et apportait comme un flux régulier les choses sous le regard. Ici, le langage est disposé en cercle à l'intérieur de lui-même, cachant ce qu'il donne à voir, dérobant au regard ce qu'il se proposait de lui offrir, s'écoulant à une vitesse vertigineuse vers une cavité invisible où les choses sont hors d'accès et où il disparaît à leur folle poursuite. Il mesure l'infinie distance du regard à ce qui est vu. La grâce du langage dans *la Vue,* c'était de donner le minuscule, le brouillé, le perdu, le mal placé, le quasi-imperceptible (et jusqu'aux pensées les plus secrètes) dans la même apparition claire que le visible. La disgrâce du langage irrégulier, tournoyant, elliptique des *Nouvelles Impressions,* c'est de ne pas pouvoir rejoindre même ce qui est le plus visible. Et ceci malgré l'incroyable vitesse qu'il a acquise sur la lancée des choses : beauté qui est la vitesse accélérée sans répit de cette disgrâce ontologique, et qui fait jaillir parfois sur sa trajectoire d'étranges étincelles, aussi fulgurantes que « la flèche ignare à bail sublunaire », hérissées comme le « coq qui, l'automne enfui, trépigne quand tarde un aube », gracieuses et recourbées comme, offerte à l'ouvrière qui « tette sa phalange, une rose à tenir » et douées d'une lumière si fantastique qu'à leur éclat on prendrait « un groupe à hauts poitrails d'altiers chevaux longtemps cabrés pour une horde d'hippocampes sans but ». Et toutes ces lueurs hâtives retombent en fragments brisés, charbonneux, énigmatiques à la fin de chaque chant, bousculés les uns sur les autres comme les voix d'une fugue au moment du stress :

De mère sur la plaque elle se change en sœur))
L'avis roulant sur l'art de mouvoir l'ascenseur)
— Racines, troncs, rameaux, branches collatérales —
L'état de ses aïeux, les frustes cathédrales...

Au terme de cette course dans son propre espace (celui qu'il creuse et où il est en même temps vertigineusement appelé) le langage revient à la surface, sur la terre ferme des choses qu'il peut de nouveau comme dans *la Vue* longer selon la ligne courante des énumérations : les menhirs, l'original cromlech, l'Egypte, son soleil, ses soirs, son firmament, l'opaque frondaison, les rayons et les fruits. Mais cette grâce retrouvée ne peut durer qu'un instant : elle est le seuil — ouvert et fermé, comme on voudra — à partir duquel se tait un langage qui n'avait parlé que pour tenter en vain d'abolir sa distance aux choses.

Dans *la Vue, le Concert* et *la Source,* la région de la fondation poétique est un domaine où l'être est plein, visible et calme. Le spectacle qui s'y trouve donné a beau être un des plus illusoires qui se puisse (image minuscule et invisiblement enchâssée, dessin publicitaire, de pure convention, sans modèle aucun dans la réalité), ce qu'il ouvre, c'est le règne d'un être entièrement statufié au cœur de son apparente agitation ; les mouvements sont prélevés sur le temps ; libérés de lui et figés au-dessus de son flux ; la crête de la vague s'arrondit sans éclater jamais, dans l'amorce de son déferlement ; un bâton vole à la pointe d'un geste qui ne retombe pas ; et le ballon « bien gonflé, rebondissant et clair » au-dessus des bras disloqués qui l'on toujours déjà lancé et jamais plus ne le rattraperont, rit comme un soleil de cuir. L'être mobile de l'apparence s'est pris dans le roc, mais cet arrêt, cette pierre soudain dressée forme un seuil d'où le langage accède au secret de l'être. De là le privilège constamment accordé par Roussel au verbe « être » — le plus neutre des verbes, mais le plus proche de la racine commune du langage et des choses (leur lien, peut-être ; ce à partir de quoi elles sont et on en parle ; leur *lieu* commun) : « Tout *est* vide et désert... ; après, c'*est* un amas de gros rochers..., ils *sont* pleins d'étrangetés, groupés avec un étonnant désordre ; toute cette partie étrange du rivage *est* primitive, vierge, inconnue et sauvage. » Et grâce au pouvoir merveilleux du verbe « être » le langage de *la Vue* se maintient au niveau d'un épiderme descriptif, tout bariolé de qualités et d'épithètes, mais aussi proche qu'il se peut de l'être qui à travers lui se rend sensible.

Au contraire, les *Nouvelles Impressions* sont caractérisées par une étonnante raréfaction des verbes ; il y a des énumérations de près de vingt pages où on ne trouve (en dehors des relatives, avec leur rôle d'épithètes) aucun verbe à un mode personnel. Comme si les choses se succédaient dans un vide où elles sont suspendues entre un support oublié et une rive qui n'est pas encore en vue. A chaque instant les mots naissent dans une absence d'être, surgissant les uns tout contre les autres, seuls, à la queue leu leu, ou par couples antithétiques, ou par paires de formes analogues, ou groupés selon des rapprochements incongrus, des ressemblances illusoires, des séries de même espèce, etc. Au lieu de l'être qui dans *la Vue* donnait à chaque chose sa pesanteur ontologique on ne trouve plus maintenant que des systèmes d'opposition et d'analogie, de ressemblance et de dissemblance où l'être se volatilise, devient grisaille et finit par disparaître. Le jeu de l'identité et de la différence — qui est aussi celui de la répétition (répétition à son tour répétée au long des listes interminables que Roussel aligne dans son poème) a éclipsé la claire procession de l'être que parcourait *la Vue*. Le disque noir qui masque invariablement ce qu'il y aurait eu à voir dans les quatre chants des *Nouvelles Impressions,* et n'autorise à la lisière de chacun rien de plus qu'un mince ruban lumineux, sans doute est-il comme une sombre machine à faire naître la répétition et par là à creuser un vide où l'être s'engloutit, où les mots se précipitent à la poursuite des choses et où le langage indéfiniment s'effondre vers cette centrale absence.

Et peut-être est-ce la raison pour laquelle il n'était plus possible de refaire *la Vue* : aligner en vers horizontaux et parallèles une description des choses qui avaient perdu leur immobile demeure dans l'être était exclu ; le langage fuyait de l'intérieur. C'était de cette fuite et contre cette fuite qu'il fallait parler, lancer les vers dans ce vide, non vers les choses (maintenant perdues avec l'être) mais à la poursuite du langage et pour le redresser, pour former contre cette échancrure un barrage — à la fois seuil fermé et ouverture nouvelle. De là ce gigantesque effort, le dernier fourni par Roussel, pour aligner en alexandrins un langage qu'une cavité centrale infléchissait sans répit vers ce vide et tordait de l'intérieur. Si Roussel a passé douze années de sa vie à écrire cinquante-neuf pages (deux fois moins que *la Vue* et autant que *le Concert*), ce n'est pas qu'il ait fallu tout ce temps à l'infatigable versificateur qu'il était pour redistribuer ses rimes à chaque parenthèse nouvelle, mais c'est qu'il fallait à tout instant redresser son langage poétique appelé à glisser à l'intérieur de lui-même par ce vide, dont l'échec d'une « Nouvelle Vue » (révélé par Roussel) nous rappelle la présence. Si, posant son œil sur une lunette-pendeloque, Roussel n'a pu voir les choses se disposer comme d'elles-mêmes le long de ses alexandrins, si la lentille était brouillée, c'est qu'une faille ontologique s'était produite, que les répétitions des *Nouvelles Impressions* masquent et exaltent à la fois.

Mais c'est ici justement que les *Nouvelles* répètent les anciennes *Impressions*.

Les prisonniers de Talou cherchaient leur délivrance dans la fabrication d'un monde à la fois dédoublé par de fidèles imitations et rendu fantastique par les moyens mis en œuvre pour parvenir à l'exactitude de la copie. Chaque grand tableau sur la scène des Incomparables était une manière somptueuse de « revenir au même » et par là d'échapper à ce règne ludique, arbitraire et cruel où le roi d'Ejur tenait ses victimes en esclavage. Emprisonnées dans les phrases-pourtours, on trouve, dans les *Nouvelles Impressions,* des plages immobiles, ou plutôt des plages dont le seul mouvement est de chercher jusqu'à la satiété le passage du même au même. Et tout comme les blanches victimes de Talou étaient enfin rendues à la liberté et à la vie par leurs merveilleuses représentations de l'identique, les longues mélopées du Même, dans les *Nouvelles Impressions,* se résolvent dans un retour à la singularité des choses qu'on voit et qui vivent. Les énumérations fonctionnent ici comme les machineries et les mises en scène dans les autres textes, mais selon une autre figure : celle d'une énumération vertigineuse qui s'accumule sans fin pour parvenir à un résultat qui était déjà donné au départ mais qui semble reculer à chaque répétition.

Les parenthèses du texte ménagent en effet de vastes paliers où défilent les cavalcades hétéroclites d'individus ou d'objets qui ont entre eux un certain point commun que chacun manifeste à son tour :

45 exemples de choses (ou de gens) qui rapetissent ;
54 de questions auxquelles il est difficile de répondre ;
7 de signes qui ne trompent pas quand on veut
connaître une personne, son caractère, sa race, ses
maladies ou son état civil. Ces plages d'analogies (ce
que Jean Ferry appelle justement les séries) forment
la majeure partie du texte : un vingtième à peine du
deuxième chant y échappe, dessinant seulement de
rapides escaliers pour y parvenir. Au premier regard,
le choix de ces plages où débarque pêle-mêle tout un
bazar hétéroclite est lui-même assez déroutant : pourquoi à propos de la maison de Saint Louis à Damiette
énumérer, en plus de 54 questions sans réponse,
22 objets qu'il est aussi inutile de donner qu'à un habitant de Nice un pardessus, et 13 attributs dont les
vaniteux aiment se parer sur leur photographie
(comme le pseudo-voyageur d'un surtout d'Esquimau) ? En fait, malgré la rupture des parenthèses et
la fuite perpétuelle du propos — à travers elles sans
doute et grâce à elles — les *Nouvelles Impressions*
sont construites avec la pompeuse, avec l'évidente
cohérence d'un traité didactique. Un traité de l'identité.

I) Le premier chant commence, au seuil d'une
porte, par l'évocation des choses passées qui redeviennent présentes, à peine séparées d'elles-mêmes
par la cloison d'hier ; leur identité se dédouble et à
la fois se retrouve dans le temps : témoins les grands
noms de l'histoire. Chant de l'identité proche d'elle-

même, mais qui n'affirme son imminente simplicité que perdue déjà dans le lointain de l'être.

a) *Première plage* (54 items) : même les choses les plus immédiates, est-on sûr qu'elles sont ceci ou cela, utiles ou nuisibles, vraies ou fausses ? Peut-il savoir, « resté seul, Horace, à quelle vitesse fuir » ? Saurait-il deviner le jeune auteur « jusqu'à quand ses écrits paraîtront à ses frais » (Roussel en effet ne l'avait jamais su) ? Identité brouillée, équivalence des contradictoires, secret de l'avenir et du présent lui-même (sait-il l'ivrogne « si valsent ou non les bouteilles de Clicquot » ?).

b) *Deuxième plage* (23 items, en note) : il y a inversement des choses de nature différente qui viennent se rejoindre en une quasi-identité où elles se répètent et s'annulent quand bien même elles ont l'air d'être contradictoires. Donne-t-on quand « pour son somme il s'apprête, au noir, des bigoudis » ? « Quand un conférencier prélude, à qui l'écoute, un narcotique » ? Négation réciproque des choses qui, sous leurs différences, se répètent.

c) *Troisième plage* (13 items) : quand il se fait représenter, l'homme cherche à affirmer son identité par des signes qui ne trompent pas, dans l'espoir que celle-ci au moins — la sienne — ne lui échappera pas : la milliardaire pose devant le photographe avec son cabochon, le jockey sec (car il n'a pas couru) « sous sa casaque ample à clairsemés gros pois ». En quoi les uns et les autres ne révèlent que leur dérisoire identité : une suffisance vide, un mensonge.

A propos de noms que l'histoire conserve, et d'attitudes restées célèbres devant la postérité, passons à Bonaparte, à son chapeau, aux quarante siècles des Pyramides. Et voici :

II) Le chant deuxième. C'est celui du changement : modifications et permanence des formes, mobilité dans le temps, choc des contradictoires ; mais à travers tant de diversité, les choses, obscurément, se maintiennent.

a) *Première plage* (5 items) : combien d'objets différents peuvent reproduire l'image d'une croix, avec des significations très variées ?

b) *Deuxième plage* (40 items) : combien de choses changent de proportions et diminuent de taille en restant identiques (depuis « l'asperge mise au rancart après un coup de dent » jusqu'à « ses pointes faites, la ballerine à clinquant ») ?

c) *Troisième plage* (206 items) : entre des objets différents de taille (une aiguille et un paratonnerre ; un œuf sur le plat et le crâne d'un clerc tonsuré atteint de jaunisse), il existe des ressemblances de forme qui pourraient tromper un regard ensorcelé. Jean Ferry a admirablement expliqué cette immense série, souvent très énigmatique.

d) *Quatrième plage* (28 items) : que de contradictions dans la vie d'une même personne ou le destin d'une même chose (gloire que Colomb a donnée à un œuf « effacé »).

e) *Cinquième plage* (28 items) : la seule pensée de certaines choses est en elle-même contradictoire (l'idée, par exemple, que « nul ne sut faire à l'égal d'Onan passer avant tout la loi du donnant donnant »).

f) *Sixième plage* (2 items) : certains succès sont gâtés de l'intérieur par une origine qui les contredit.

De telles contradictions, on trouve bien des exemples dans les conduites ou les croyances humaines. Ce qui nous amène naturellement au pied de la superstitieuse colonne du

III) Chant troisième, « qui, léchée jusqu'à ce que la langue saigne, guérit la jaunisse » Ce chant, comme son titre l'indique déjà, est consacré à la parenté des choses :

a) *Première plage* (9 items) : les choses qui se compensent (la corde raide et le balancier).

b) *Deuxième plage* (8 items) : les choses qui se favorisent (la main dans le gilet de l'Empereur et la pensée dans son cerveau).

c) *Troisième plage* (6 items) : les choses qui sont faites les unes pour les autres, comme le berger pour son troupeau, la colle pour la moustache.

d) *Quatrième plage* (9 items, en note) : une chose en indique une autre, comme l'habitué des mastroquets se trahit « à la clarté de son horizontal jet fort ».

e) *Cinquième plage* (6 items) : le vrai lié avec le faux (un auteur peut publier des Impressions sur l'Afrique « sans avoir poussé plus loin qu'Asnières » ce qui n'est pas, on le sait, le cas de Roussel).

f) *Sixième plage* (6 items, en note) : il y a pourtant des choses qui sont uniques et n'offrent pas d'analogies, témoin « l'or qu'eut certain bélier pour système pilaire ».

g) *Septième plage* (4 items). Elle aussi est restrictive par rapport aux cinq premières ; car, de même que la belladone n'est pas utile quand on a un œil de verre, il y a des choses qu'il est bien inutile de vouloir associer.

Ainsi vont les choses, tantôt uniques, tantôt doubles, parfois liées et parfois solitaires, trouvant leur identité et leur essence quelquefois en elles-mêmes, et quelquefois hors d'elles-mêmes. Séparées de soi et semblables à soi, comme le sont, sur les deux rives du Nil,
au Chant IV, les jardins de Rosette qu'une barque lente découpe en leur symétrique unité, — fruit ouvert. Là, les choses s'offrent uniques et semblables à elles-mêmes, différentes sans cesse, mais si proches des deux côtés du fleuve, qu'elles ont l'air, au-dessus du miroir d'eau, comme le reflet les unes des autres. Mais qu'est-ce que cette barque qui lie ces figures immobiles et muettes à son propre mouvement et sépare en silence les deux bords de l'identique ? Qu'est-elle sinon le langage ? Les trois premières parties chantent le heurt et l'alliance des choses, la quatrième le leurre et le partage des mots, les étoiles étranges qu'ils dessinent en formant de fictives, mais d'indépassables unités. Comment aurait-on pu trouver

l'identique puisqu'on le quadrille avec des mots qui se jouent de lui et proposent une autre identité — la seule peut-être à laquelle nous ayons accès. C'est le chant des constellations du langage. (Voici une hypothèse : je ne m'ôte pas de l'idée, à tort peut-être, que ces jardins de Rosette sont ceux où jadis fut trouvée la pierre hiéroglyphique, qui portait un unique discours répété en trois langues ; le fleuve sur lequel s'avance la barque de Roussel est l'antidote de ce bloc solide ; sur la pierre, trois mots voulaient dire la même chose ; dans le flux du langage, Roussel fait scintiller des mots qui à eux seuls ont plusieurs significations.)

a) *Première plage* (6 items), *se faire à* : tondue, la brebis se fait au froid ; sur son perchoir un perroquet se fait à sa chaîne.

b) *Deuxième plage* (15 items), *s'éteindre* : ardeurs, fièvres, désir s'éteignent comme des feux (même celui que le poltron a au derrière).

c) *Troisième plage* (3 items en note), *progresser* : progrès des canons sur « les gauches catapultes » ; sur des chevaux, des locomotives (désaccord des moineaux).

d) *Quatrième plage* (8 items en note), *se faire attendre* : l'épouseur quand on est fille et sans dot, la creuse éclaboussure du caillou au fond du puits.

e) *Cinquième plage* (8 items en note), *avoir un but* : série confuse, non linéaire, enchevêtrée. Ce qui est sûr c'est que « garce vise carrosse » et prestolet améthyste (bien qu'à vrai dire l'huître, en son labeur ne vise pas le plastron de l'élégant).

C'est dans ce paragraphe consacré aux « buts » que le langage de Roussel atteint son plus haut degré d'enveloppement, et qu'en sa neuvième parenthèse, il saisit l'occasion de parler du silence : comme si c'était là le but de tout le discours, le minuscule point noir visé au milieu de tous ces anneaux multicolores et concentriques ; comme s'il avait fallu tant de dures coquilles pour protéger et finalement offrir, avec ce tendre noyau de silence, la « riche occasion » de se taire.

f) *Sixième plage* (20 items en note) : liste de mots qui ont deux sens, comme *pâté* « pleur de plume incongru » ou « timbale à tralala pour robustes gasters », *champignon* « manger louche » ou « support chic ».

Inutile d'insister sur l'importance extrême de cette énumération. Elle conduit sans détour aux premières pages de *Comment j'ai écrit certains de mes livres* et à la révélation du procédé. C'est-à-dire qu'elle ramène secrètement aux *Impressions* premières dont elles donnent, sans le dire, la clef. Il faut noter qu'aucun des exemples donnés dans ce passage n'est cité dans le texte posthume (sauf « blanc » dont les deux sens plusieurs fois utilisés par Roussel sont énoncés : « grinçant cube en craie » et « civilisé ») ; mais on reconnaît facilement dans quels textes les mots mentionnés ici ont joué de leur sens dédoublé : *clou* et *bâton* dans deux récits de jeunesse ; *repentir* dans *Nanon* ; *éclair* a peut-être servi à foudroyer Djizmé ; *révolution* a fait tournoyer toute une portée de petits chats pris dans les tentacules d'une méduse hystérique (chatons à révolution) ; la *suite* (à pages) a organisé le défilé de Talou ; le *savon* a servi au tour d'adresse de Fogar ; l'*écho* a fait chanter en chœur toute l'osseuse famille de Stephane Alcott, comme ces « échos » qu'on peut lire dans les feuilles à « chantage ».

Il n'y a pas à s'y tromper : le procédé était déjà révélé quand fut faite la révélation posthume. Un long cheminement à travers tant d'identités et de différences a conduit à cette forme, pour Roussel, suprême, où l'identité des choses est définitivement perdue dans l'ambiguïté du langage ; mais cette forme, quand on la traite par la répétition concertée des mots, a le privilège de faire naître tout un monde de choses jamais vues, impossibles, *uniques*. Les *Nouvelles Impressions* sont la naissance répétée des anciennes — la somme théorique et didactique des choses et des mots qui conduit nécessairement à la création de cette œuvre d'autrefois. *Nouvelles Impressions,* parce que, plus jeunes que les premières, elles en racontent la naissance.

g) La dernière plage, enfin, à côté des deux précédentes, n'est-elle pas bien futile ? Il est question de sept animaux que leur mérite n'a pas rendu orgueilleux : le bouc n'est pas fier de devenir une outre. C'est que les animaux ne ressemblent ni aux mots qu'on vient de citer, ni aux humains vaniteux dont il était question au premier chant, quand s'est ouvert sous le langage l'océan de l'identité perdue. Au fond, cette plage ultime n'est pas tout à fait accessoire : au moment où le discours nous conduisait au suprême embarras et à la suprême ressource, il y a, en bas de page, ce maigre, cet inattendu réconfort (ou vertige) des consciences pures, ensommeillées et animales qui gardent, sans présomption, leur identité paradisiaque, comme gardent la leur, bien longtemps après que nous les avons traversés, fendus de notre barque et de notre langage, les rives identiques, l'opaque frondaison, les rayons et les fruits.

Telle est la démonstrative cohérence de ce traité : l'identité poursuivie — depuis que la mémoire, au seuil d'une porte, a fait vibrer le présent en une série d'images qui sont autres et les mêmes — dans les choses, dans les formes, dans les animaux et les hommes, traquée sous les ressemblances, à travers la mesure et la démesure, cherchée à tous les niveaux des êtres, sans souci de dignité, de hiérarchie ou de nature, manifestée dans des figures composées, perdue dans d'autres plus simples, naissant de partout et s'enfuyant dans tous les sens. C'est une cosmologie du Même. Gigantesque arche de Noé (plus accueillante encore) qui ne reçoit pas les couples pour que se multiplie l'espèce, mais qui apparie les choses du monde les plus étrangères pour que naisse d'elles enfin la figure de leur repos, le monstre unique, insécable de l'identité. Genèse à l'envers qui cherche à remonter la dispersion des êtres. Ses interminables énumérations forment comme des dynasties horizontales, aussitôt dépossédées, où les conjonctions les plus inattendues cherchent en vain à instaurer le règne du Même. Et par un effet d'ironie objective, c'est la répétition seule de ces tentatives désamorcées qui fait naître la forme vide, jamais assignable en une chose précise, de l'identique. Comme si le langage seul, en sa possibilité fondamentale de répéter et d'être répété, pouvait donner ce que l'être retire et ne pouvait le donner que dans une poursuite éperdue, qui va sans répit de *l'un* à *l'autre*. Ce que *la Vue* voyait (les choses dans leur immobilité de statue) n'est plus maintenant que passage météorique, saut invisible et jamais arrêté, lacune d'être entre ceci et cela. Et ce langage même auquel se confie le dernier chant, quand il dit une chose, il peut aussi bien et avec les mêmes mots dire autre chose, ce qui fait que par une dernière ironie, lui qui est le lieu et la possibilité de la répétition, en se répétant, il ne reste pas identique à lui-même. Où donc, maintenant, trouver le trésor de l'identité, sinon dans la modestie muette des bêtes, ou dans l'au-delà du neuvième degré du langage — dans le silence ; à moins encore qu'on use systématiquement, pour en faire un langage merveilleusement unique, de la possibilité de dire deux choses avec les mêmes mots. Voilà les trois possibilités qu'ouvre, en son dernier chant, le langage des *Nouvelles Impressions*.

Les *Nouvelles Impressions* sont une sorte de dictionnaire consacré à la rime des choses : trésor de toutes celles qu'on pourrait rassembler, selon les règles d'une versification ontologique, pour écrire la poésie de leur être. Il s'agit ici, à nouveau, comme dans les récits de jeunesse, d'une exploration de cet espace vide et mobile où les mots glissent sur les choses. Mais dans les contes à phrases répétées, l'ambiguïté des mots était distendue méthodiquement pour qu'apparaisse, à l'état pur et comme lieu de naissance de l'imaginaire, la dimension « tropologique » ; celle-ci maintenant se révèle toute grouillante de choses et de mots qui s'appellent, se heurtent, se superposent, s'échappent, se confondent ou s'exorcisent. Comme si la lentille, vide désormais quand il s'agit de montrer le bel ordre visible des choses et de leur langage, était devenue infiniment féconde de toutes ces formes grises, invisibles, fuyantes où les mots jouent sans répit entre le sens et l'image. Et les *Nouvelles Impressions* rejoignent ainsi les traités classiques de grammaire et de rhétorique : elles forment comme un immense recueil des figures tropologiques du langage : « Toutes les fois qu'il y a de la différence dans le rapport naturel qui donne lieu à la signification empruntée, on peut dire que l'expression qui est fondée sur ce rapport appartient à un trope particulier. » Telle est la définition que Dumarsais donnait jadis des tropes ; c'est aussi bien la définition de toutes les figures qui défilent au long des interminables séries de Roussel.

Et ce « traité de l'identité perdue » peut se lire comme un traité de toutes les merveilleuses torsions du langage : réserve d'antiphrases (chant I, série a), de pléonasme (I, b), d'antonomases (I, c), d'allégories (II, a), de litotes (II, b), d'hyperboles (II, c), de métonymies (tout le chant III), de catachrèses et de métaphores au chant IV. Je n'en prendrai pour preuve que la note du chant IV où sont énumérés les mots à double sens si importants pour la genèse de toute l'œuvre :

Eclair *dit : feu du ciel escorté de fracas*
Ou : *reflet qu'un canif fait jaillir de sa lame.*

Or voici ce qu'on peut lire au chapitre des homographes dans *Les Vers homonymes* de Fréville [1] :

— Dé *qui sort du cornet m'enrichit ou me ruine*
Dé *pour coudre sied bien au doigt mignon d'Aline*
— Jalousie *est un vice, hélas, des plus honteux*
Jalousie *au balcon déplaît aux curieux.*
— Œillet *petit trou rond sert pour mettre un lacet*
Œillet *avec la rose arrondit mon bouquet*
— Vers *charmants de Virgile, ils peignent la nature.*
Vers *rongeurs, tout hélas devient votre pâture.*

Tous ces exemples se retrouvent chez Roussel ; je remarque même que la hie volante de *Locus Solus*

[1]. Fréville : *Les Vers homonymes suivis des homographes* (Paris 1804).

est présente déjà chez Fréville, avec les deux sens de
« demoiselle », auquel s'ajoute celui de libellule (d'où
peut-être les ailes giratoires dont est muni l'instrument
à paver de Martial Canterel) :

— Demoiselle *se dit d'un insecte à quatre ailes;*
Demoiselle *élégante a de riches dentelles;*
Demoiselle, *instrument pour paver les ruelles.*

Peu importe que Roussel ait eu ou non entre les
mains le volume.de Fréville, ou tel autre qui lui serait
analogue. L'essentiel c'est qu'à travers cette indéniable parenté de forme, les *Nouvelles Impressions*
apparaissent pour ce qu'elles sont : l'inlassable parcours du domaine commun au langage et à l'être,
l'inventaire du jeu par lequel les choses et les mots
se désignent et se manquent, se trahissent et se masquent. En ce sens les *Nouvelles Impressions* communiquent avec toutes les autres œuvres de Roussel : elles
définissent l'espace de langage dans lequel toutes sont
placées. Mais en même temps elles s'opposent profondément à chacun des autres textes de Roussel :
ceux-ci faisaient naître dans l'interstice minuscule d'un
langage identique, des récits, des descriptions, des
prouesses, des machines, des mises en scènes, rigoureusement uniques, destinées à répéter les choses, ou à se
répéter, ou encore à répéter la mort ; des mécaniques
merveilleuses et détaillées enveloppaient jusqu'à les
rendre naturelles les rencontres les plus étonnantes ;
c'était la féerie de noces cérémonieuses où les mots

entre eux, les choses entre elles, mais aussi les mots et les choses contractaient une alliance promise à d'infinies répétitions. Les *Nouvelles Impressions,* à la recherche de l'imposible identité, font naître de minuscules poèmes où les mots se heurtent et s'écartent, chargés d'électricité contraire ; en un vers ou deux, ils parcourent une infranchissable distance entre les choses, établissent de l'une à l'autre le contact d'un éclair qui les rejette à l'extrême de la distance. Ainsi surgissent et scintillent un moment d'étranges figures, poèmes d'une seconde où s'abolit et se reconstitue, en un mouvement instantané, l'écart des choses, leur vide intercalaire.

Poèmes des impossibles confusions :

— *Quelque intrus caïman proche un parasol fixe*
Pour un lézard contre un cèpe.
— *Quand sur eux sans bourrasque,*
Il s'est mis à neiger, des œufs rouges massés
Pour des fraises qu'on sucre.
— *Pour un cil*
Courbe évadé d'un œil doux, une corne noire
De chamois.
— *Un tuyau d'eau pour une épaule d'immortel*
Où rampe un cheveu long

Poèmes des rencontres sans lieu :

La boule aquatique et nue
D'un dentaire effrayant recoin
— *Une oisive araignée explorant un chalut*

— L'odalisque à qui fut jeté le tire-jus.
— Un cigare réduit à l'état de mégot,
  Le disque du soleil dans le ciel de Neptune
— Prométhée aux fers dans le Caucase,
  Le chat dorloté puis cuit de la mère Michel
— Des doigts nus d'écolier,
  Une poutre à décor funéraire.

Poèmes de la stricte économie grammaticale qui mime un hasard débridé :

*Quand naît l'orage à qui dominé le contemple
Et l'oit pour moins que la lumière ailé le son.*

Et dans ce choc sans répit des mots, parfois d'étranges images, soudain parfaites, comme celle-ci, du destin :

Le mal qui foudroie en plein bonheur les toupies

ou cette autre, de la gorge :

*Un cavernaire arceau par le couchant rougi
A stalactite unique.*

Toute cette poésie infinitésimale livre à l'état brut le matériau dont jadis furent méticuleusement construites les machineries d'Ejur ou du Lieu Solitaire ; sans l'architecture des longs discours mécaniques, cailloux et éclats sont ici dispersés, jaillis directement de la mine, chaos de choses et de mots par où commence tout langage. Les merveilles minérales que les œuvres de Roussel laissaient dormir au fond de leur discours, les voici, maintenant visibles, étalées à la surface, trésor restitué du langage incohatif. Le vide découvert entre masque et visage, entre apparence et réalité, jusque dans l'épaisseur ambiguë des mots, ce vide qu'il avait fallu recouvrir de tant de figures fantastiques et méticuleuses, il se révèle tout fourmillant de richesses en paillettes : celles qui naissent, un court instant, sur fond de nuit, du « clinamen » hasardeux des mots et des choses. Là, en ces imperceptibles flexions, en ces chocs minuscules, le langage trouve son espace tropologique (c'est-à-dire de *tour* et de *détour*), la poésie sa ressource et l'imagination son éther. La dernière image dont Roussel a illustré les *Nouvelles Impressions* représente dans un espace noir un ciel étoilé.

Deux mots encore. La fête d'Ejur, c'était, comme le texte même nous le dit, le « gala des Incomparables » (incomparables en effet étaient les prisonniers et leurs noirs amis puisqu'ils étaient uniques dans leur aptitude à restituer exactement, et par tous les moyens, l'identité sans faille des choses). Or, que sont les *Nouvelles Impressions* sinon également une fête des Incomparables, l'allégresse dansante d'un langage qui saute d'une chose à une autre, les jette front contre front, fait jaillir partout, de leur incompatibilité, courts-circuits, pétards et étincelles ? Incomparables, scintillantes, innombrables, dispersées dans le vide du langage qui les rapproche et les tient séparées, telles sont les figures qui sillonnent le ciel des *Nouvelles Impressions*.

Les deux pièces de théâtre, *l'Etoile au Front* et *Poussière de Soleils,* qui ont été écrites pendant la difficile composition des *Nouvelles Impressions,* ouvrent comme une parenthèse où on retrouve la forme même de cette dernière œuvre, bien qu'elles soient soumises, en outre, au procédé. *L'Etoile au Front* est construite comme une série d'analogies : énumération d'objets modestes, dont l'illustre naissance les oppose aux gloires tachées qui sont évoquées dans une note du chant III : en face de celle-ci, qui est brève, la pièce est comme une plage indéfiniment développée. *Poussière de Soleils* est construite comme des marches d'escalier qui descendraient jusqu'au puits du trésor, sortes de parenthèses s'emboîtant les unes dans les autres (trois fois neuf si je compte bien). Peut-on dire que la chaîne de *Poussière de Soleils* conduit à un secret identique à celui qui est révélé à l'avant-dernière plage du poème, c'est-à-dire au Procédé ? Peut-être ; en tout cas ce qu'elle entourerait de ses triples parenthèses portées au cube ce ne serait pas la merveille d'un savoir défendu, mais la forme visible de son propre langage.

8

LE SOLEIL ENFERMÉ

— C'est un pauvre petit malade, disait Janet.
— Phrase de peu de portée et venant d'un psychologue.
— Elle serait à vrai dire de nulle conséquence si Roussel ne s'était engagé lui-même dans un pareil propos.
— Il n'y est entré que par détour, rappelant sa maladie et les soins de Janet, dans une indifférence attentive seulement à l'histoire ; il cite *De l'Angoisse à l'Extase* comme un document lointain et anecdotique. Le récit en première personne de la révélation posthume est aussi froid déjà que cette troisième personne qui pointe dans le projet du livre et peut-être aussi dans la raideur du langage...
— Le « je » qui parle dans *Comment j'ai écrit certains de mes livres,* il est vrai qu'un éloignement démesuré, au cœur des phrases qu'il prononce, le place aussi loin qu'un « il ». Plus loin peut-être : dans une région où ils se confondent, là où le dévoilement

de soi met au jour ce tiers qui de tout temps a parlé et reste toujours le même.

— C'est que déjà opère la souveraineté de la mort. Décidé à disparaître, Roussel fixe la coquille vide où son existence apparaîtra aux autres. Janet, les crises, la maladie n'ont pas plus d'importance que le succès, l'insuccès, les représentations tapageuses, l'estime des joueurs d'échecs, l'éclat de la famille. Ce sont les ajustements de surface, l'extérieur de la machine, et non pas le précis mécanisme d'horloge qui secrètement la fait battre.

— En cette tierce personne qui déjà pétrifie son discours, je crois au contraire que Roussel s'expose. Il trace vers sa mort un corridor symétrique à celui que Canterel inventa pour forer dans le cadavre un retour vers la vie. Il s'avance, de son pas, vers cet *autre,* vers ce *même* qu'il sera de l'autre côté de la vitre franchissable. Et comme la résurrectine, le froid du langage fixe les figures qui indéfiniment vont renaître, disant ce passage de la vie à la mort où passe l'essentiel. L'œuvre dont solennellement il transmet la naissance, il en indique la parenté avec une folie et une souffrance qui doivent en être (comme si souvent dans les anecdotes de *l'Etoile au Front*) le stigmate de légitimité.

— Comment Roussel aurait-il pu ouvrir son œuvre à ce rapprochement ruineux au moment où il cherchait à lui donner « un peu d'épanouissement posthume » ? Pourquoi cette mise en péril d'un langage si longtemps protégé et que veut préserver pour toujours la mort à laquelle il s'expose ? Pourquoi au moment de la manifestation, un si brusque crochet vers ce délire de toute vérité ? S'il y a rapport, en ce discours dernier, entre la folie et la mort, sans doute est-ce pour signifier qu'il faut de toute manière et comme Roussel l'a fait dans le geste de Palerme affranchir l'œuvre de celui qui l'a écrite.

— Dans l'économie de la révélation, la place accordée à la folie est centrale au contraire. Regardez comment le texte se développe : il y a d'abord la mise au jour du procédé, puis le récit autobiographique. Entre les deux, Roussel a installé trois parenthèses : la première ouvre sur la maladie, la seconde sur la grandeur de Jules Verne, la troisième indique le rôle souverain de l'imagination dans l'œuvre. Et les parenthèses chez Roussel tiennent de leur propriété d'être ouvertes et fermées à la fois un essentiel cousinage avec le seuil. En elles ce qui est dit n'est pas adjacent, mais décisif.

— Ce triple seuil, ici, que marque-t-il ? Sinon la rigoureuse autonomie du langage ? Absence de rapport avec le monde extérieur (« de tous mes voyages, je n'ai jamais rien tiré pour mes livres »), espace vide que les mots et leurs machines traversent à une vitesse vertigineuse (J. Verne « s'est élevé aux plus hautes cimes que puisse atteindre le verbe humain »), masque de folie sous lequel apparaissait cette grande lacune lumineuse.

— Jamais Roussel ne parle de sa crise comme d'une « folie aux yeux du monde ». Il ne s'en détache point.

Il montre plutôt qu'il y a trouvé, un temps au moins, sa demeure : « Pendant quelques mois, j'éprouvais une sensation de gloire d'une intensité extraordinaire. » Expérience intérieure d'un soleil dont il fut le centre, et au centre duquel il fut. Sa crise, Roussel n'y déchiffre pas l'incompréhension des autres ; il en parle comme d'un foyer lumineux dont il est maintenant séparé sans remède. Ce globe, sans doute est-ce celui qu'il percevait dans l'œuvre de Jules Verne et qui rendait dérisoires tous les soleil réels. Il l'a suspendu au-dessus de la révélation posthume.

— Justement l'expérience solaire de la vingtième année ne fut pas éprouvée de l'intérieur comme une folie. En cela elle s'oppose à l'épisode qui la suivit aussitôt et fut provoqué par l'insuccès de *la Doublure* ; ce fut alors un « choc d'une violence terrible » qui entraîna à sa suite « une effroyable maladie nerveuse ». C'est à ce sujet seulement que le mot de maladie est prononcé. Je remarque aussi un fait : à propos de Martial, Janet évoque un sujet dans sa « quarante-cinquième année » (c'est l'époque où étaient rédigées les *Nouvelles Impressions*). Or de cet épisode Roussel ne parle jamais ; il cite seulement les pages de Janet qui se réfèrent à l'état de gloire de Martial, non celles qui évoquent les phénomènes les plus récents (pathologiques probablement aux yeux mêmes de Roussel). Seul le soleil premier dans son ingénuité fait corps avec l'œuvre.

— Il est difficile d'accepter ces partages. Les choses forment un tissu sans couture. Roussel à l'époque où il rédigeait son premier livre a éprouvé une sensation de gloire universelle. Non pas désir exaspéré de célébrité, mais constatation physique : « Ce que j'écrivais était entouré de rayonnements. Chaque ligne était répétée à des milliers d'exemplaires et j'écrivais avec des milliers de becs de plume qui flamboyaient. » Quand le livre paraît, tous ces soleils dédoublés s'éteignent ; les flamboiements volubiles sont absorbés dans l'encre noire ; et tout autour de Roussel ce langage qui scintillait du fond de ses moindres syllabes comme une eau merveilleuse se dissout dans un monde sans regard : « Quand le jeune homme avec une grande émotion sortit dans la rue et s'aperçut qu'on ne se retournait pas sur son passage, le sentiment de gloire et de luminosité s'éteignit brusquement. » C'est la nuit de la mélancolie ; et pourtant cette lumière continuera à briller proche et lointaine (comme au cœur d'une obscurité qui abolit les distances et les rend infranchissables), éblouissante et imperceptible selon une équivoque où se logeront toutes les œuvres ; c'est là aussi que prendra naissance la décision même de mourir, pour rejoindre d'un seul bond un point merveilleux, cœur de la nuit et foyer de la lumière. Tout le langage de Roussel demeure dans cet espace vain et obstiné qui offre la clarté mais au loin ; qui la laisse voir mais étrangement close sur elle-même, dormant parmi sa poreuse substance ; qui la laisse éclater à toute une distance de nuit qu'elle ne traverse pas : « Cette sensation de soleil moral, je n'ai jamais pu la retrouver, je la cherche et je la chercherai toujours... Je suis Tannhäuser regrettant le Venusberg. » Rien en ce mouvement ne peut être mis à part.

— Que ce mouvement (ou l'une de ses courbes) ait coïncidé avec une maladie, c'est une chose. Que le langage de Roussel ait tenté sans cesse d'abolir la distance qui le sépare d'un soleil d'origine, c'est autre chose.

— Je ne veux pas reconduire ici une question inlassablement répétée. Mais je cherche à savoir s'il n'y a pas, solidement enfouie, une expérience où Soleil et Langage...

— Une telle expérience, à supposer qu'elle soit accessible, d'où pourrait-on en parler, sinon peut-être de ce sol impur déjà où la maladie et l'œuvre sont tenues pour équivalentes. Parlant dans un vocabulaire mixte tout peuplé de qualités ou de thèmes labiles qui viennent se poser tantôt sur les symptômes et tantôt sur le style, tantôt sur les souffrances et tantôt sur le langage, on en arrive sans trop de mal à une certaine figure qui vaut pour l'œuvre comme pour la névrose. Par exemple les thèmes de l'ouverture-fermeture, du contact et du non-contact, du secret, de la mort redoutée, appelée et préservée, de la ressemblance et de l'imperceptible différence, du retour à l'identique, des mots répétés, et bien d'autres qui appartiennent au vocabulaire des obsessions, dessinent dans l'œuvre comme une nervure pathologique. Il est facile de reconnaître le même dessin dans le cérémonial où Roussel avait figé chaque jour de sa vie ; il ne portait ses faux cols qu'un matin, ses cravates trois fois, ses bretelles quinze jours ; il jeûnait souvent pour que la nourriture ne trouble pas sa sérénité ; il ne voulait entendre parler ni de la mort, ni des choses effrayantes de peur que les mots ne portent la contagion des maux... Sa vie, disait Janet, est construite comme ses livres. Mais si tant de ressemblances sautent aux yeux, c'est qu'on a isolé pour les percevoir, des formes mixtes (rites, thèmes, images, hantises) qui, n'étant ni tout à fait de l'ordre du langage, ni entièrement de l'ordre du comportement, peuvent circuler de l'un à l'autre. Il n'est plus difficile alors de montrer que l'œuvre et la maladie sont enchevêtrées, incompréhensibles l'une sans l'autre. Les plus subtils disent que l'œuvre « ouvre la question de la maladie » ou bien encore « ouvre la maladie comme question ». Le tour était joué au départ : on s'était donné tout un douteux système d'analogies.

— Il y a pourtant des identités de forme qui s'offrent dans une évidence presque perceptive. Pourquoi refuserait-on de voir la même figure dans les cellules à cadavres que Canterel avait construites au centre de son jardin solitaire, et la petite lucarne vitrée que Roussel fit ouvrir dans le cercueil de sa mère pour contempler de l'autre côté du temps, cette vie froide, offerte sans espoir à une impossible résurrectine. L'obsession, dans l'œuvre, des masques, des déguisements, des doubles et des dédoublements, ne peut-on pas aussi la faire communiquer avec le talent d'imitateur que Roussel très tôt avait manifesté et auquel il attachait une importance un peu ironique ? « Je ne connus vraiment la sensation du succès que lorsque je chantais en m'accompagnant au piano et surtout par de nombreuses imitations que je faisais d'acteurs ou de personnages quelconques. Mais là, du moins, le succès était énorme et unanime. » Comme si l'unique soleil — celui qui avait fait corps autrefois avec le langage — ne pouvait être retrouvé que dans le partage de soi-même, dans la répétition d'autrui, en ce mince espace d'entre le masque et le visage où naquit justement le langage de *la Doublure,* quand le soleil était encore là. Et peut-être toutes les merveilleuses imitations qu'offrent les prisonniers de Talou répondent-elles à l'acharnement de Roussel : « Il travaillait sept ans chacune de ses imitations, les préparant quand il était seul, en répétant les phrases tout haut, pour attraper l'intonation, copiant les gestes jusqu'à obtenir une ressemblance parfaite. » Dans cette transformation ascétique en autrui ne retrouve-t-on pas aussi l'incessant va-et-vient de la mort à l'intérieur des cellules de *Locus Solus* ? Roussel se faisait mort sans doute pour imiter cette vie autre qui vivait dans les autres ; et inversement en replaçant les autres en soi-même, il leur imposait la rigidité du cadavre : geste suicide et meurtrier de l'imitation qui rappelle combien la mort est présente dans l'œuvre par le jeu des dédoublements et des répétitions du langage.

— Mais en tout ceci, entre ces textes et ces conduites, qu'y a-t-il d'autre que des ressemblances ? D'où viennent ces formes ? De quelle terre montentelles ? En quel lieu sommes-nous pour les percevoir (celles-ci et non pas d'autres), sûrs de ne pas nous tromper ? Une trace, enfoncée dans un langage littéraire, là dans un geste, quelle signification peut-elle avoir, alors que par définition l'œuvre n'a pas le même sens que le propos quotidien ?

— Aucune en effet. Il n'y a pas de système commun à l'existence et au langage ; pour une raison simple, c'est que le langage, et lui seul, forme le système de l'existence. C'est lui avec l'espace qu'il dessine, qui constitue le lieu des formes. Voici un exemple : Roussel, vous le savez, s'il offrait la mort dans une parenthèse vitrée cachait volontiers le secret de la naissance au cœur d'un labyrinthe. Ecoutez maintenant ce qu'il disait à Janet : « Que l'on pratique des actes prohibés dans des cabinets particuliers sachant que c'est défendu, que l'on s'expose à des punitions, du moins au mépris des personnes respectables, c'est parfait. Mais que l'on puisse voir des nudités, que l'on puisse voir des jouissances sexuelles simplement en regardant un spectacle public sans danger de punition, avec l'agrément des parents et en prétendant rester chaste, c'est inadmissible. Tout ce qui touche à l'amour doit rester chose défendue, peu accessible. » Entre ces propos et les naissances secrètement éclatantes de *l'Etoile au Front,* une parenté semble se dessiner. Je suis d'accord qu'il ne faut pas la prendre comme elle se donne au premier regard. Mais au fond de l'œuvre, ou plutôt au fond de l'expérience du langage telle que l'a faite Roussel, on voit s'ouvrir un espace où la Naissance est retranchée, accroc unique et illégitime, mais aussi bien répétition qui anticipe toujours sur elle-même ; par rapport à la mort elle est dans une position de miroir ; elle en donne avant la vie une échéance à répéter, mais pour longtemps secrète ; elle est le labyrinthe du temps replié sur soi, et son invisible éclat ne brille pour personne en ce cœur noir. C'est pourquoi la naissance est à la fois hors langage et au bout du langage. Les mots lentement remontent vers elle ; mais peuvent-ils jamais l'atteindre, eux qui sont toujours répétition, elle qui est toujours commencement ? Et quand ils croient l'atteindre, qu'apportent-ils en cette plage vide, sinon ce qui s'offre à la répétition, c'est-à-dire la vie réitérée dans la mort ? Exclue de la possibilité fondamentale du langage, la naissance doit l'être aussi des signes quotidiens.

— Ce n'est donc pas le thème d'une sexualité soigneusement enfermée dans un rituel qui est à l'origine de tous ces labyrinthes de naissance si fréquents dans l'œuvre ?

— C'est plutôt le rapport d'un langage doublant et dédoublé avec le matin dans sa pure origine. La naissance est un lieu inaccessible parce que la répétition du langage cherche toujours vers elle une voie de retour. Cet « enlabyrinthement » de l'origine n'est pas plus un effet visible de la maladie (mécanisme de défense contre la sexualité) que l'expression voilée d'un savoir ésotérique (cacher la manière dont les corps peuvent naître les uns des autres) ; il est une expérience radicale du langage qui annonce qu'il n'est jamais contemporain de son soleil d'origine.

— Par cette expérience qu'entendez-vous ? Les sensations pathologiques de Roussel ou le noyau de son œuvre ? Ou les deux à la fois, en un même mot douteux ?

— Une troisième sans doute. Le langage n'est-il pas entre la folie et l'œuvre, le lieu vide et plein, invisible et inévitable, de leur mutuelle exclusion ? Dans la première œuvre de Roussel le langage s'offre comme un soleil : il donne des choses au regard et comme à portée de la main, mais dans une visibilité si éclatante qu'elle cache ce qu'elle a à montrer, sépare d'une mince couche de nuit l'apparence et la vérité, le masque et le visage ; le langage comme le soleil c'est cet éclat qui coupe, décolle la surface de carton, et annonce que ce qu'il dit, c'est ce double, ce pur et simple double... Cruauté de ce langage solaire qui au lieu d'être la sphère parfaite d'un monde illuminé fend les choses pour y instaurer la nuit. C'est dans ce langage que *la Doublure* trouve son espace. Or à cette époque, la sensation pathologique est celle d'un globe intérieur, merveilleusement lumineux et qui cherche à se répandre sur le monde ; il faut le conserver en son volume premier de peur que ses rayons n'aillent se perdre jusqu'au fond de la Chine : Roussel s'enfermait dans une chambre dont il tenait les rideaux soigneusement tirés. Le langage trace la ligne de partage entre deux figures contraires : ici le soleil retenu risque de se perdre dans la nuit extérieure, là le soleil libre suscite sous chaque surface un petit lac de nuit mobile et inquiétant. Ces deux profils opposés font naître comme d'une même nécessité la figure suivante : celle du soleil enfermé. Enfermé pour qu'il ne se perde pas ; enfermé pour qu'il ne dédouble plus les choses, mais qu'il les offre sur fond de sa propre luminosité : c'est le soleil-langage que retient prisonnier la lentille de *la Vue,* enveloppant dans son aquarium circulaire des hommes, des mots, des choses, des visages, des dialogues, des pensées, des gestes, tous offerts sans réticence ni secret ; c'est aussi dans l'ouverture pratiquée à l'intérieur d'une phrase unique et dédoublée, le microcosme calme des histoires circulaires. Mais cette période, dans l'œuvre, du soleil domestiqué, « mis en boîte », ouvert à volonté et visible jusqu'en son cœur pour un regard souverain qui le traverse, c'est pour la maladie la période de la mélancolie, du soleil perdu, de la persécution. Avec les *Impressions d'Afrique,* le soleil du langage est enfoui dans le secret, mais au cœur de cette nuit où il est maintenu, il devient merveilleusement fécond, faisant naître au-dessus de lui-même, dans la lumière du jardin en fête, des machines et des cadavres automates, des inventions inouïes et de soigneuses imitations ; pendant ce temps, la vie le promet comme un imminent au-delà. Ainsi, l'œuvre et la maladie tournent autour de leur incompatibilité qui les lie.

— Il ne vous reste plus qu'à voir en cette exclusion un mécanisme de compensation (l'œuvre chargée de résoudre dans l'imaginaire les problèmes posés dans et par la maladie), et nous voici ramenés à Janet, — puis à d'autres, moindres.

— A moins qu'on n'y voie une incompatibilité essentielle, le creux central que rien jamais ne pourra combler. C'est de ce vide aussi qu'Artaud voulait s'approcher, dans son œuvre, mais dont il ne cessait d'être écarté : écarté par lui de son œuvre, mais aussi de lui par son œuvre ; et vers cette ruine médullaire, il lançait sans cesse son langage, creusant une œuvre qui est absence d'œuvre. Ce vide pour Roussel, c'est paradoxalement le soleil : un soleil qui est là mais ne peut être rejoint ; qui brille mais dont tous les rayons sont recueillis dans sa sphère ; qui éblouit mais que le regard peut traverser ; du fond de ce soleil montent les mots, mais ces mots le recouvrent et le cachent ; il est unique et il est double, et deux fois double puisqu'il est son propre miroir, et son envers nocturne.

— Mais que peut être ce creux solaire, sinon la négation de la folie par l'œuvre ? Et de l'œuvre par la folie ? Leur mutuelle exclusion et sur mode bien plus radical que le jeu admis par vous à l'intérieur d'une expérience unique ?

— Ce creux solaire n'est ni la condition psychologique de l'œuvre (idée qui n'a pas de sens) ni un thème qui lui serait commun avec la maladie. Il est l'espace du langage de Roussel, le vide d'où il parle, l'absence par laquelle l'œuvre et la folie communiquent et s'excluent. Et ce vide je ne l'entends point par métaphore : il s'agit de la carence des mots qui sont moins nombreux que les choses qu'ils désignent, et doivent à cette économie de vouloir dire quelque chose. Si le langage était aussi riche que l'être, il serait le double inutile et muet des choses ; il n'existerait pas. Et pourtant sans nom pour les nommer, les choses resteraient dans la nuit. Cette lacune illuminante du langage, Roussel l'a éprouvée jusqu'à l'angoisse, jusqu'à l'obsession, si l'on veut. Il fallait en tout cas des formes bien singulières d'expérience (bien « déviantes », c'est-à-dire déroutantes) pour mettre au jour ce fait linguistique nu : que le langage ne parle qu'à partir d'un manque qui lui est essentiel. De ce manque, on éprouve le « jeu » — aux deux sens du terme — dans le fait (limite et principe à la fois) que le même mot peut dire deux choses différentes et que la même phrase répétée peut avoir un autre sens. De là découle tout le vide proliférant du langage, sa possibilité de dire les choses — toutes choses —, de les amener à leur être lumineux, de produire au soleil leur muette vérité, de les « démasquer » ; mais de là découle aussi son pouvoir de faire naître par simple répétition de lui-même des choses jamais dites, ni entendues, ni vues. Misère et fête du Signifiant, angoisse devant trop et trop peu de signes. Le soleil de Roussel qui est toujours là et toujours « en défaut », qui risque de s'épuiser au-dehors, mais qui aussi bien brille à l'horizon, c'est le manque constitutif du langage, c'est la pauvreté, l'irréductible distance d'où la lumière jaillit indéfiniment ; et par là, en cet écart essentiel, où le langage est appelé fatalement à se répéter et les choses à se croiser absurdement, la mort fait entendre l'étrange promesse que le langage ne se répétera plus, mais qu'il pourra sans fin répéter ce qui n'est plus.

— Et voilà que vous ramenez toute l'œuvre à l'unité d'une « angoisse » devant le langage, à une figure timidement psychologique...

— Je dirai plutôt à une « inquiétude » du langage lui-même. La « déraison » de Roussel, ses dérisoires jeux de mots, son application d'obsédé, ses absurdes inventions communiquent sans doute avec la raison de notre monde. Peut-être un jour s'apercevra-t-on d'une chose importante : la littérature de l'absurde, dont nous voici enfin et depuis peu libérés, on a cru à tort qu'elle était la prise de conscience, lucide et mythologique à la fois, de notre condition ; elle n'était que le versant aveugle et négatif d'une expérience qui affleure de nos jours, nous apprenant que ce n'est pas le « sens » qui manque, mais les signes, qui ne signifient pourtant que par ce manque. Dans le jeu brouillé de l'existence et de l'histoire, nous découvrons simplement la loi générale du Jeu des Signes, dans lequel se poursuit notre raisonnable histoire. On voit les choses, parce que les mots font défaut ; la lumière de leur être c'est le cratère enflammé où le langage s'effondre. Les choses, les mots, le regard et la mort, le soleil et le langage forment une figure unique, serrée, cohérente, celle-là même que nous sommes. Roussel en a défini, en quelque sorte, la géométrie. Il a ouvert au langage littéraire un étrange espace, qu'on pourrait dire linguistique, s'il n'en était l'image renversée, l'utilisation rêveuse, enchantée et mythique. Si on détache l'œuvre de Roussel de cet espace (qui est le nôtre) on ne peut plus y reconnaître que les merveilles hasardeuses de l'absurde, ou les fioritures baroques d'un langage ésotérique, qui voudrait dire « autre chose ». Si on l'y replace, au contraire, Roussel apparaît tel qu'il s'est défini lui-même : l'inventeur d'un langage qui ne dit que soi, d'un langage absolument simple dans son être redoublé, d'un langage du langage, enfermant son propre soleil dans sa défaillance souveraine et centrale. Cette invention, nous devons à Michel Leiris de ne l'avoir point perdue, puisque deux fois il l'a transmise, dans le souvenir maintenu de Roussel, et dans cette *Règle du Jeu* si profondément parente des *Impressions* et de *Locus Solus*. Mais sans doute fallait-il aussi que de toutes parts s'annonce dans notre culture une expérience qui avant tout langage s'inquiète et s'anime, s'étouffe et reprend vie de la merveilleuse carence des Signes. L'angoisse du signifiant, c'est cela qui fait de la souffrance de Roussel la solitaire mise au jour de ce qu'il y a de plus proche dans notre langage à nous. Qui fait de la maladie de cet homme notre problème. Et qui nous permet de parler de lui à partir de son propre langage.

— Ainsi vous croyez-vous justifié d'avoir, pendant tant de pages...

I. *Présentation de Pierre Macherey.*	I
II. *Le seuil et la clef.*	7
III. *Les bandes du billard.*	21
IV. *Rime et raison.*	41
V. *Aubes, mine, cristal.*	65
VI. *La métamorphose et le labyrinthe.*	96
VII. *La surface des choses.*	125
VIII. *La lentille vide.*	157
IX. *Le soleil enfermé.*	195

DU MÊME AUTEUR

Aux Éditions Gallimard

HISTOIRE DE LA FOLIE À L'ÂGE CLASSIQUE

LES MOTS ET LES CHOSES. UNE ARCHÉOLOGIE DES SCIENCES HUMAINES

L'ARCHÉOLOGIE DU SAVOIR

L'ORDRE DU DISCOURS. LEÇON INAUGURALE AU COLLÈGE DE FRANCE PRONONCÉE LE 2 DÉCEMBRE 1970

MOI, PIERRE RIVIÈRE, AYANT ÉGORGÉ MA MÈRE, MA SŒUR ET MON FRÈRE. UN CAS DE PARRICIDE AU XIXe SIÈCLE (éd.)

SURVEILLER ET PUNIR. NAISSANCE DE LA PRISON

HERCULINE BARBIN DITE ALEXINA B.

HISTOIRE DE LA SEXUALITÉ
  I. LA VOLONTÉ DE SAVOIR
  II. LE SOUCI DE SOI
  III. L'USAGE DES PLAISIRS

LE DÉSORDRE DES FAMILLES. LETTRES DE CACHET DES ARCHIVES DE LA BASTILLE (en collaboration avec Arlette Farge)

Chez d'autres éditeurs

CECI N'EST PAS UNE PIPE. SUR MAGRITTE, Fata Morgana.

SEPT PROPOS SUR LE SEPTIÈME ANGE, Fata Morgana.

LA PENSÉE DU DEHORS, Fata Morgana.

RÉSUMÉ DES COURS 1970-1982, Julliard.

NAISSANCE DE LA CLINIQUE. UNE ARCHÉOLOGIE DU REGARD MÉDICAL, P.U.F.

DANS LA COLLECTION FOLIO/ESSAIS

141 Simone Weil : *L'enracinement (Prélude à une déclaration des devoirs envers l'être humain)*.
142 John Stuart Mill : *De la liberté*.
143 Jacques Réda : *L'improviste (Une lecture du jazz)*.
144 Hegel : *Leçons sur l'histoire de la philosophie I*.
145 Emmanuel Kant : *Critique de la raison pure*.
146 Michel de Certeau : *L'invention du quotidien (1. arts de faire)*.
147 Jean Paulhan : *Les fleurs de Tarbes ou la Terreur dans les lettres*.
148 Georges Bataille : *La littérature et le mal*.
149 Edward Sapir : *Linguistique*.
150 Alain : *Éléments de philosophie*.
151 Hegel : *Leçons sur l'histoire de la philosophie II*.
152 Collectif : *Les écoles présocratiques (Édition établie par Jean-Paul Dumont)*.
153 D. H. Kahnweiler : *Juan Gris : Sa vie, son œuvre, ses écrits*.
154 André Pichot : *La naissance de la science (1. Mésopotamie, Égypte)*.
155 André Pichot : *La naissance de la science (2. Grèce présocratique)*.
156 Julia Kristeva : *Étrangers à nous-mêmes*.
157 Niels Bohr : *Physique atomique et connaissance humaine*.
158 Descartes : *Discours de la méthode* suivi de *La Dioptrique*.

159 Max Brod : *Franz Kafka (Souvenirs et documents)*.
160 Trinh Xuan Thuan : *La mélodie secrète (Et l'homme créa l'univers)*.
161 Isabelle Stengers, Judith Schlanger : *Les concepts scientifiques (Invention et pouvoir)*.
162 Jean Dubuffet : *L'homme du commun à l'ouvrage*.
163 Ionesco : *Notes et contre-notes*.
164 Mircea Eliade : *La nostalgie des origines (Méthodologie et histoire des religions)*.
165 Philippe Sollers : *Improvisations*.
166 Ernst Jünger : *Approches, drogues et ivresse*.
167 Severo Sarduy : *Barroco*.
168 Wassily Kandinsky : *Point et ligne sur plan*.
169 Friedrich Nietzsche : *Le cas Wagner* suivi de *Nietzsche contre Wagner*.
170 Gilles Lipovetsky : *L'empire de l'éphémère (La mode et son destin dans les sociétés modernes)*.
171 Louis Hjelmslev : *Le langage*.
172 Jean Servier : *Histoire de l'utopie*.
173 Pierre Cabanne : *Le siècle de Picasso (1. La naissance du cubisme, 1881-1912)*.
174 Pierre Cabanne : *Le siècle de Picasso (2. L'époque des métamorphoses, 1912-1937)*.
175 Marguerite Yourcenar : *Le temps, ce grand sculpteur*.
176 Élie Faure : *Histoire de l'art (L'Esprit des formes I)*.
177 Élie Faure : *Histoire de l'art (L'Esprit des formes II)*.
178 J.M.G. Le Clézio : *Le rêve mexicain*.
179 Collectif : *Introduction aux sciences cognitives*.
180 Oscar Wilde : *De Profundis*.
181 Sigmund Freud : *Le délire et les rêves dans la* Gradiva *de W. Jensen* précédé de *Gradiva fantaisie pompéienne* par Wilhelm Jensen.
182 George Steiner : *Les Antigones*.
184 Roger Caillois : *Les jeux et les hommes (Le masque et le vertige)*.
185 Pierre Cabanne : *Le siècle de Picasso (3. Guernica et la guerre, 1937-1955)*.
186 Pierre Cabanne : *Le siècle de Picasso (4. La gloire et la solitude, 1955-1973)*.
187 Georges Rouault : *Sur l'art et sur la vie*.

188 Michel Leiris : *Brisées.*
189 Bernard Pingaud : *Les anneaux du manège (Écriture et littérature).*
190 Ludwig Wittgenstein : *Leçons et conversations* suivies de *Conférence sur l'Éthique.*
191 Friedrich Nietzsche : *Considérations inactuelles I et II.*
192 Jean-Paul Sartre : *Un théâtre de situations.*
193 Primo Levi : *Le métier des autres (Notes pour une redéfinition de la culture).*
194 André Breton : *Point du Jour.*
195 Paul Valéry : *Introduction à la méthode de Léonard de Vinci.*
196 Mircea Eliade : *Initiation, rites, sociétés secrètes. Naissances mystiques. Essai sur quelques types d'initiation.*
198 Jorge Luis Borges : *Enquêtes* suivi de Georges Charbonnier, *Entretiens avec Jorge Luis Borges.*
199 Michel Serres : *Le Tiers-Instruit.*
200 Michel Leiris : *Zébrage.*
201 Sigmund Freud : *Le mot d'esprit et sa relation à l'inconscient.*
202 Sainte-Beuve : *Pour la critique.*

DANS LA COLLECTION FOLIO/HISTOIRE

11 Georges Duby : *Guillaume le Maréchal (ou Le meilleur chevalier du monde)*.
12 Alexis de Tocqueville : *De la démocratie en Amérique*, tome I.
13 Alexis de Tocqueville : *De la démocratie en Amérique*, tome II.
14 Zoé Oldenbourg : *Catherine de Russie*.
15 Lucien Bianco : *Les origines de la révolution chinoise (1915-1949)*.
16 Collectif : *Faire de l'histoire*, I : *Nouveaux problèmes*.
17 Collectif : *Faire de l'histoire*, II : *Nouvelles approches*.
18 Collectif : *Faire de l'histoire*, III : *Nouveaux objets*.
19 Marc Ferro : *L'histoire sous surveillance (Science et conscience de l'histoire)*.
20 Jacques Le Goff : *Histoire et mémoire*.
21 Philippe Erlanger : *Henri III*.
22 Mona Ozouf : *La fête révolutionnaire (1789-1799)*.
23 Zoé Oldenbourg : *Le bûcher de Montségur (16 mars 1244)*.
24 Jacques Godechot : *La prise de la Bastille (14 juillet 1789)*.
25 Le Débat : *Les idées en France, 1945-1988 (Une chronologie)*.
26 Robert Folz : *Le couronnement impérial de Charlemagne (25 décembre 800)*.
27 Marc Bloch : *L'étrange défaite*.
28 Michel Vovelle : *Mourir autrefois*.

29 Marc Ferro : *La Grande Guerre (1914-1918)*.
30 Georges Corm : *Le Proche-Orient éclaté (1956-1991)*.
31 Jacques Le Goff : *La naissance du Purgatoire*.
32 Hannah Arendt : *Eichmann à Jérusalem*.
33 Jean Heffer : *La Grande Dépression (Les États-Unis en crise 1929-1933)*.
34 Yves-Marie Bercé : *Croquants et nu-pieds (Les soulèvements paysans en France du XVIe au XIXe siècle)*.
35 Arnaldo Momigliano : *Sagesses barbares*.
36 Robert Muchembled : *La sorcière au village*.
37 Gérard Gayot : *La franc-maçonnerie française*.
38 Raul Hilberg : *La destruction des Juifs d'Europe*, I.
39 Raul Hilberg : *La destruction des Juifs d'Europe*, II.
40 Ian Kershaw : *Qu'est-ce que le nazisme ?*
41 Jean Maitron : *Ravachol et les anarchistes*.
42 Maurice Agulhon : *Les Quarante-huitards*.
43 Arlette Farge : *Vivre dans la rue à Paris au XVIIIe siècle*.
44 Norman Cohn : *Histoire d'un mythe (La « conspiration » juive et les protocoles des sages de Sion)*.
45 Roland Mousnier : *L'assassinat d'Henri IV*.
46 Michael Pollack : *Vienne 1900 (Une identité blessée)*.
47 Nathan Wachtel : *La vision des vaincus (Les Indiens du Pérou devant la Conquête espagnole 1530-1570)*.
48 Michel Vovelle : *Idéologies et mentalités*.
49 Jean Bottéro : *Naissance de Dieu (La Bible et l'historien)*.

DANS LA COLLECTION FOLIO/ACTUEL

1. Alain Duhamel : *Les prétendants.*
2. Général Copel : *Vaincre la guerre (C'est possible!).*
3. Jean-Pierre Péroncel-Hugoz : *Une croix sur le Liban.*
4. Martin Ader : *Le choc informatique.*
5. Jorge Semprun : *Montand (La vie continue).*
6. Ezra F. Vogel : *Le Japon médaille d'or (Leçons pour l'Amérique et l'Europe).*
7. François Chaslin : *Les Paris de François Mitterrand (Histoire des grands projets architecturaux).*
8. Cardinal Jean-Marie Lustiger : *Osez croire, osez vivre (Articles, conférences, sermons, interviews 1981-1984).*
9. Thierry Pfister : *La vie quotidienne à Matignon au temps de l'union de la gauche.*
10. Édouard Masurel : *L'année 1986 dans* Le Monde *(Les principaux événements en France et à l'étranger).*
11. Marcelle Padovani : *Les dernières années de la mafia.*
12. Alain Duhamel : *Le Ve Président.*
13. Édouard Masurel : *L'année 1987 dans* Le Monde *(Les principaux événements en France et à l'étranger.*
14. Anne Tristan : *Au Front.*
15. Édouard Masurel : *L'année 1988 dans* Le Monde *(Les principaux événements en France et à l'étranger).*
16. Bernard Deleplace : *Une vie de flic.*
17. Dominique Nora : *Les possédés de Wall Street.*
18. Alain Duhamel : *Les habits neufs de la politique.*
19. Édouard Masurel : *L'année 1989 dans* Le Monde *(Les principaux événements en France et à l'étranger).*

20 Edgar Morin : *Penser l'Europe.*
21 Édouard Masurel : *L'année 1990 dans* Le Monde *(Les principaux événements en France et à l'étranger).*
22 Étiemble : *Parlez-vous franglais ?*
23 Collectif : *Un contrat entre les générations (demain, les retraites).*
24 Alexandre Zinoviev : *Les confessions d'un homme en trop.*
25 Frantz Fanon : *Les damnés de la terre.*
26 Paul Bairoch : *Le Tiers-Monde dans l'impasse.*
27 Edouard Masurel : *L'année 1991 dans* Le Monde *(Les principaux événements en France et à l'étranger).*
28 Raoul Vaneigem : *Traité de savoir-vivre à l'usage des jeunes générations.*
29 Georges Corm : *Liban : les guerres de l'Europe et de l'Orient 1840-1992.*
30 Pierre Assouline : *Les nouveaux convertis.*
31 Régis Debray : *Contretemps (Éloges des idéaux perdus).*

*Impression Bussière à Saint-Amand (Cher),
le 18 septembre 1992.
Dépôt légal : septembre 1992.
Numéro d'imprimeur : 2512.*
ISBN 2-07-032728-0./Imprimé en France.

56980